LAS CADENAS
DEL DEMONIO

Libros a la carta

Partiendo de nuestro respeto a la integridad de los textos originales, ofrecemos también nuestro servicio de «Libros a la carta», que permite -bajo pedido- incluir en futuras ediciones de este libro prólogos, anotaciones, bibliografías, índices temáticos, fotos y grabados relacionados con el tema; imprimir distintas versiones comparadas de un mismo texto, y usar una tipografía de una edición determinada, poniendo la tecnología en función de los libros para convertirlos en herramientas dinámicas.

Estas ediciones podrán además tener sus propios ISBN y derechos de autor.

PEDRO CALDERON DE LA BARCA

LAS CADENAS DEL DEMONIO

BARCELONA 2007
WWW.LINKGUA.COM

Créditos

Título original: *Las cadenas del demonio.*

© 2007, Linkgua ediciones S.L.

08011 Barcelona.
Muntaner, 45 3° 1ª
Tel. 93 454 3797
e-mail: info@linkgua.com

Diseño de cubierta: Linkgua S.L.

ISBN: 978-84-9816-439-8.

Las bibliografías de los libros de Linkgua

SUMARIO

PRESENTACION

La vida

Pedro Calderón de la Barca (Madrid, 1600-Madrid, 1681). España. Su padre era noble y escribano en el consejo de hacienda del rey. Se educó en el colegio imperial de los jesuitas y más tarde entró en las universidades de Alcalá y Salamanca, aunque no se sabe si llegó a graduarse. Tuvo una juventud turbulenta. Incluso se le acusa de la muerte de algunos de sus enemigos. En 1621 se negó a ser sacerdote, y poco después, en 1623, empezó a escribir y estrenar obras de teatro. Escribió más de ciento veinte, otra docena larga en colaboración y alrededor de setenta autos sacramentales. Sus primeros estrenos fueron en corrales.

Lope de Vega elogió sus obras, pero en 1629 dejaron de ser amigos tras un extraño incidente: un hermano de Calderón fue agredido y, éste al perseguir al atacante, entró en un convento donde vivía como monja la hija de Lope. Nadie sabe qué pasó.

Entre 1635 y 1637, Calderón de la Barca fue nombrado caballero de la Orden de Santiago. Por entonces publicó veinticuatro comedias en dos volúmenes y *La vida es sueño* (1636), su obra más célebre. En la década siguiente vivió en Cataluña y, entre 1640 y 1642, combatió con las tropas castellanas. Sin embargo, su salud se quebrantó y abandonó la vida militar.

Entre 1647 y 1649 la muerte de la reina y después la del príncipe heredero provocaron el cierre de los teatros, por lo que Calderón tuvo que limitarse a escribir autos sacramentales.

Calderón murió mientras trabajaba en una comedia dedicada a la reina María Luisa, mujer de Carlos II el Hechizado. Su hermano José, hombre pendenciero, fue uno de sus editores más fieles.

Personajes:

San Bartolomé
El Rey Polemón
Licanoro, príncipe
Ceusis, príncipe
El Demonio
Un Sacerdote de Astarot
Lirón, villano
Irene, hija del rey
Silvia, dama
Flora, dama
Lesbia, villana
Criado
Músicos
Criados
Gente

JORNADA PRIMERA

(Salen Irene, y Flora y Silvia deteniéndola.)

Irene Dejadme las dos.

Flora Señora,
  mira...

Silvia Oye...

Flora Advierte...

Irene ¿Qué tengo
  de oír, advertir y mirar,
  cuando miro, oigo y advierto
  cuán desdichada he nacido,
  sólo para ser ejemplo
  del rencor de la Fortuna
  y de la saña del tiempo?
  Dejad, pues, que con mis manos,
  ya que otras armas no tengo,
  pedazos del corazón
  arranque, o que de mi cuello,
  sirviéndome ellas de lazo,
  ataje el último aliento;
  si ya es que, porque no queden
  de tan mísero sujeto
  ni aun cenizas que ser puedan
  leves átomos del viento,
  no queráis que al mar me arroje
  desde ese altivo soberbio
  homenaje, en fatal ruina
  de la prisión que padezco.

11

Silvia	¡Sosiega!
Flora	¡Descansa!
Silvia	¡Espera!
Irene	¿Qué descanso, qué sosiego ha de tener quien no tiene ni esperanza de tenerlo?
Silvia	El entendimiento sabe moderar los sentimientos.

*The understanding
Can moderate the feelings*

Irene	Ésa es opinión errada; que antes el entendimiento aflige más cuanto más discurre y piensa en los riesgos.
Flora	Es verdad, pero también...
Irene	No prosigas; que no quiero desaprovechar mis iras ahora en tus argumentos. Dejadme sola, dejadme, idos, idos de aquí presto.

*I dont want
to waste my anger
now in your arguments
leave
gone
ready*

Flora	Dejémosla sola, pues sabes que sólo es el medio de su furor el dejarla.

fury

(Vanse Flora y Silvia.)

Irene	Ya se han ido. Ahora, cielos,

12

han de entrar con vuestras luces
en cuenta mis sentimientos.
¿Qué delito cometí
contra vosotros naciendo,
que fue de un sepulcro a otro
pasar no más, cuando veo
que la fiera, el pez y el ave
gozan de los privilegios
del nacer, siendo su estancia
la tierra, el agua y el viento?
¿A qué fin, dioses, echasteis
a mal en mi nacimiento
un alma con sus potencias
y sus sentidos, haciendo
nueva enigma de la vida
gozarla y perderla, puesto
que la tengo y no la gozo,
o la gozo y no la tengo?
O son justas o injustas
vuestras deidades, es cierto;
si justas, ¿cómo no os mueve
la lástima de mis ruegos?
Y si son injustas, ¿cómo
las da adoración el pueblo?
Ved que por entrambas partes
os concluye el argumento.
Responded a él... pero no
respondáis; porque no quiero
deberos esa piedad,
por no llegar a deberos
nada que esté en vuestra mano,
y de vosotros apelo
a los infernales dioses,
a quien vida y alma ofrezco,

dando por la libertad
alma y vida.

(Sale el Demonio.)

la libertad

Demonio   Yo [la] acepto.

Irene   ¿Quién eres, gallardo joven,
que, si las noticias creo
de pintados simulacros
que en algunos cuadros tengo,
viva copia eres de aquel
ídolo que en nuestro templo,
con el nombre de Astarot,
adora todo este reino,
cuya opinión acredita
haber penetrado el centro
de esta ignorada prisión
sobre las alas del viento?

Demonio   ¿Qué mucho que a él me parezca, *Opinión*
Irene, si soy el mesmo,
pues las doy a sus estatuas
alma, vida, voz y aliento?
Yo soy el dios de Astarot,
aquél a cuyo precepto
ilumina el sol, la luna
alumbra, los astros bellos
influyen, el cielo todo
se mueve y los elementos
en lid se conservan, siempre
amigos y siempre opuestos.
Yo soy el que en toda el Asia,
por los extraños portentos

14

de mis milagros, estoy
adorado, hallando a un tiempo
su amparo en mí el afligido
y su salud el enfermo.
Compadecido a tu llanto
y enternecido a tu ruego,
concurriendo a tus conjuros,
a darte libertad vengo.
Y aunque yo sepa la causa,
oírla de tu boca quiero,
porque caiga nuestro pacto
sobre mejor fundamento.
Dime, ¿qué quieres de mí?

Irene   Tanto a tu voz me estremezco,
tanto a tu vista me asombro,
tanto a tu semblante tiemblo
que no sé si formar pueda
razones; mas oye atento.
Esta provincia de Asia,
a quien los que dividieron
el mundo dieron por nombre
inferior Armenia, imperio
es del grande Polemón,
de cuya corona y cetro
hija heredera nací,
si hubiese querido el cielo
que se midieran iguales
fortuna y merecimiento.
Quiso mi padre que hiciesen
juicio de mi nacimiento
sus sabios y en él hallaron
—¡de imaginarlo reviento!—
que había de ser mi vida

el más extraño, el más nuevo
prodigio de cuantos dio
la fama a guardar al tiempo;
pues de ella resultarían
para todo aqueste imperio *su vida*
robos, muertes, disensiones,
bandos, tragedias, incendios,
lides, traiciones, insultos,
ruinas y escándalos, siendo
en oprobio de los dioses
el principal instrumento
de otra nueva ley de un dios
superior a todos ellos.
Con estos temores, dando,
entre tan raros sucesos,
crédito a los vaticinios
y opinión a los agüeros,
equivocando los nombres
de piadoso y de severo,
dispuso mi padre el rey
que yo muriese en naciendo.
¿Quién vio más cruel, tirano,
injusto y torpe decreto
que hacer los delitos él
porque yo no llegue a hacerlos?
De esta sentencia apelando
de su ira a su consejo,
él mismo mudó intención,
tomando —¡ay de mí!— por medio
que en esta torre, fundada
en los ásperos desiertos
de Armenia, viva, si acaso
vive quien vive muriendo.
Aquí con solas mujeres

me ha criado, de quien tengo,
por su relación, remotas
noticias del universo.
No sé hasta ahora cómo son
sus repúblicas, sus pueblos,
sus políticas, sus leyes,
sus tratos y sus comercios.
El primer hombre que he visto,
si no me miente el objeto
tuyo aparente, eres tú;
tan cerca —iay de mí!— y tan lejos
vivo de lo racional.
Y aun ya pasara por esto,
si hoy no me hubiera una dama
dicho que mi padre —iay cielos!—
a dos hijos de Astiages,
su hermano, trajo a su reino;
cuya desesperación
me hizo —ide cólera tiemblo!—
salir de mí —ide ira rabio!—
hasta —iahógame mi aliento!—
decir que en muerte y en vida
el alma le daré en precio
a cualquiera que me dé
la libertad que apetezco.
Y así, si tú, enternecido
de mi llanto y de mis ruegos,
de mi pena y de mi agravio,
de mi voz y mi tormento,
me la das, otra vez y otras
mil veces a decir vuelvo
que soy tuya, y lo seré
en vida y en muerte, haciendo
libre donación en vida

y muerte de alma y de cuerpo,
para ver si así me libro
de esta prisión que padezco,
de esta esclavitud que lloro,
de esta sujeción que tengo,
de esta envidia que publico
y de esta rabia que siento.

Demonio   La lástima, hermosa Irene,

cambiar de forma   de tus extraños sucesos
                       me ha obligado a tomar hoy
                       esta forma, concurriendo,
                       como dije, a tus conjuros;   *spell*
                       y aunque puedan mis portentos *prodigy/marvel*
                       no sólo de aquí sacarte,
                       pero todo este soberbio
                       edificio trasladar,
                       arrancado de su asiento,
                       a los más remotos climas
                       de todo el orbe, no quiero
                       que hoy en tu favor me ayuden
                       tantos prodigiosos medios.
                       De medios más naturales
(Aparte.)   me he de valer. (Y es que tengo
                       limitada la licencia
I have limited the lisence de Dios, y así no me atrevo
of God so I dont dare   a más de lo que permiten
more of what soverign   sus soberanos decretos.)
decrees allow   Yo te pondré en libertad,
                       revalidando el concierto
                       de que serás siempre mía.

I will set you free confirming that you'll always be mine

Irene   Otra y mil veces lo ofrezco.

18

Demonio   Pues con esa condición
yo haré que tu padre mesmo
por ti envíe y que esos dos
sobrinos suyos que al reino
aspiran, porque te juzgan
incapaz de su gobierno,
se pongan tan de tu parte
que ellos sean los primeros
que te ilustren y te adornen
de la corona y el cetro
de toda Armenia. Y porque
no te dé cuidado el verlos
hoy en tu corte, sabrás
de su venida el intento.
Astiages, menor hermano
de Polemón, rey supremo
de algunas de las provincias
de Asia, tuvo tan a un tiempo
esos dos hijos que hasta hoy
el mayor ignora de ellos;
porque al tiempo del nacer
las matronas, acudiendo
a su madre, olvidaron
de señalar el primero
que vio las luces del sol,
perturbándose el derecho
que a la herencia de su padre
tenían; de cuyo yerro
nació dividirse en bandos
sus vasallos, pretendiendo
cada uno para sí
merecer el valimiento.
Polemón, por excusar
lides, batallas y encuentros,

19

llamó a los dos a su corte,
tomando por buen acuerdo
que el uno a su padre herede
y el otro al tío; advirtiendo
que él ha de hacer la elección
del que ha de jurar su reino.
No temas que de ninguno
se agrade su entendimiento;
porque los dos son, Irene,
tan encontrados y opuestos
en acciones y en costumbres,
en obras y en pensamientos,
que duda al que ha de fiar
la corona, conociendo
que ninguno de ellos es
merecedor del gobierno.
Es el defecto de Ceusis
ser ambicioso, soberbio,
cruel, homicida, tirano,
lascivo, injusto y violento.
De todo esto es al contrario
de Licanoro el afecto,
porque es de ánimo abatido,
postrado, humilde y sujeto.
Tanto a la lección se entrega,
apurando y discurriendo
quién es causa de las causas,
que le deja desatento
para lo demás; de suerte
que, aplicando yo otros medios
hoy a la neutralidad
que tu padre tiene, puedo
hacer que tú te corones,
bella Irene, y, siendo ellos

[notas manuscritas al margen:]

Ceusis → mal, Demonio, quito
la vista

Licanoro → bien, humilde,
Pierde el voz porque se dice
cosas buenas

quien en tu frente y tu mano
pongan la corona y cetro,
rendidos a tu hermosura,
para que acaben con esto
tus prisiones, tus ahogos,
tus llantos, tus desconsuelos,
tus pasiones, tus desdichas,
tus penas, tus sentimientos.

Irene (Aparte.)   ¡Oye! (¡Ay de mí!) - preocupacion
                                                    'on my soul'

Demonio   ¿Qué me quieres?

Irene   Tu poder no dudo inmenso.
                                   Ya sabes cuánto es vehemente
                                   la cólera del deseo;
                                   dame una señal de que   give me a sign...
                                   no es delirio, asombro o sueño
                                   de mi loca fantasía   my crazy fantasy that I
                                   lo que estoy tocando y viendo. am playing +
                                                                    watching

Demonio   Sí haré. ¿Qué es lo que deseas
                                   ver más del mundo?

                                                    although
Irene   Aunque tengo
                                   en mal formadas especies
                                        photograph
                                   retratados mil objetos
                                   que me llevan la atención,
                                   a esos dos jóvenes, puesto
                                   que ellos dices que han de ser
                                        my freedom means
                                   de mi libertad el medio,
                                   quisiera ver. I would like to see

                                                    I will make
Demonio   Pues yo haré

(Aparte.)

que los veas en los mesmos
ejercicios que ahora están
divertidos. (Aquí, infiernos,
he menester vuestra ayuda,
pues para la lid que espero ~~the fight~~
es necesario tener
tan [pervertido] este reino
que en él no halle entrada aquella
nueva ley del Evangelio
que los apóstoles van
por todo el orbe esparciendo.)
Vuelve los ojos, Irene;
verás lo que a este momento
tratando Ceusis está.

(Sale Ceusis tras un Criado con la daga desnuda.) *dagger*

Irene

Ya le veo, ya le veo,
a cuyo asombro me admiro. *To whose astonishment I admire*

Ceusis

¡Villano! ¡Viven los cielos,
que has de morir a mis manos!

Criado I

¿Yo, señor, qué culpa tengo *what fault of mine*
de que Marcela te trate *Marcela treats you*
con desdenes y desprecios? *w/ disdain?*

Ceusis

Si tú de mí la dijeras
que he de ser yo el heredero *Heir*
de Armenia, porque mi hermano
no tiene merecimientos *merit*
para competir conmigo,
claro está que fueran menos
sus rigores.

Criado I

Tanto adora
a su esposo que por eso
presumo que no te admite.

Ceusis

Añade, entre los que tengo
de dar la muerte en reinando,
a ese atrevido, a ese necio
que con su propia mujer
se atreve a darme a mí celos.

Criado I

Teme, señor, que los dioses
castiguen tu atrevimiento.

Ceusis

¿Qué dioses se han de atrever
a castigarme, si ellos
me dieron vista con que
mirase lo que apetezco?
Acusen su providencia,
pues ella fue el instrumento
para mi culpa; o si no,
preciados de justicieros
quítenme la vista, si
con la vista los ofendo.

Demonio (Aparte.)

(Aquí, para ser más malo,
me importa parecer bueno;
y pues que me ha dado Dios
permisión, por sus decretos,
para usar de naturales
causas, con ellas me atrevo
a entorpecerle los ojos,
con que dos nombres adquiero,
el de justiciero ahora

23

y el de milagroso, luego
que a la vista que le turbo
le quite el impedimento.)

Criado I   ¿Eso dices?

Ceusis   Esto digo.
(Finge estar ciego.)   Mas, ¡ay infeliz! ¿Qué es esto?
                              ¿Qué se nos ha hecho el día,
                              que a media tarde, cubierto
                              de pardas nubes, fallece?
                              ¿Dónde se ha ido el sol huyendo,
                              sin permitir que la luna
                              substituya sus reflejos
                              en el horror de la noche?

Criado I   ¿De qué haces tantos extremos?
                              ¿Qué tienes?

Ceusis   Perdí la luz,
                              y con mil sombras tropiezo.
                              ¡Ay de mí, rabiando vivo!
                              ¡Ay de mí, rabiando muero!

(Vase Ceusis, guiándole el Criado.)

Irene   Confusa estoy y turbada.
                              A hablar —¡ay de mí!— no acierto.

Demonio   Para quitarte ese horror,
                              ve a Licanoro. Arguyendo
                              con un sacerdote mío
                              está; escucha el argumento.

24

(Salen Licanoro y el Sacerdote.)

Licanoro   Dime, puesto que tú eres
                            tan sabio, docto y maestro,
                            ¿qué libro es éste que acaso
                            hallé entre otros que tengo,
                            que, por más que en él estudio,
                            ni sus principios entiendo,
                            ni sus misterios alcanzo
                            ni su doctrina comprendo?

Sacerdote   ¿Cómo es el título?

Licanoro   El Génesis
                            se dice, voz que en hebreo
                            creación quiere decir.

Sacerdote   Pues ¿cómo empieza?

Licanoro   Oye atento:
                            «En el principio crió
                            Dios a la tierra y al cielo.»

Sacerdote   No prosigas, si no dice
                            qué dios.

Licanoro   Mi duda está en eso.
                            De un Dios habla solamente,
                            poderoso, sabio, inmenso,
                            criador del cielo y la tierra.

Sacerdote   Pues no le leas, supuesto
                            que niega los demás dioses.

25

Licanoro	Antes le estimo por eso; que no es posible que aquesta fábrica del universo sea obra de dos manos; y más si el lugar advierto del filósofo que dice lo que es ser Dios, infiriendo que es sólo un poder y un solo querer. Prosigue diciendo: «La tierra estaba vacía, nada eran los elementos, y el espíritu de Dios iba, estándose en sí mesmo, llevado sobre las ondas.»
Sacerdote	Ni lo alcanzo ni lo entiendo.
Licanoro	Yo tampoco. De Dios dice que iba el espíritu inmenso llevado sobre las ondas, sin decir qué dios.
Sacerdote	De ahí veo cuán como rústico escribe el autor que le ha compuesto, pues nada prueba.
Licanoro	Antes mucho. Oye, a ver si te convenzo.
Demonio (Aparte.)	(Sí harás; que ya tu discurso por otros actos penetro. Pero yo, antes que lo digas, impediré el instrumento

26

de tus voces. Habla ahora,
que yo tu lengua entorpezco.)

Sacerdote   Pon el argumento, empieza;
que a todo responder pienso.

Licanoro   Quien dice dios, absoluto
poder dijo.

Sacerdote   Continue No lo niego.
Prosigue.

Licanoro (Aparte.)   (No puedo hablar.)

(Titubea.)   por que se dice buenas cosas.

Sacerdote   ¿Qué tienes?

Licanoro (Aparte.)   (No sé qué tengo;
que el corazón a pedazos
chest
se quiere salir del pecho
changing
al ver que muda la lengua
articula los acentos.)

Sacerdote   address
¿Qué tienes? Por señas solas
habla, y con raros extremos
al cielo y la tierra mira,
fleeing
y va de mi vista huyendo.

Licanoro (Aparte.)   (¡Ay de mí, rabiendo vivo!
¡Ay de mí, rabiando muero!)

(Vanse Licanoro y el Sacerdote.)

27

Irene	Con no menor pasmo —¡ay triste!— me dejó aqueste suceso que el pasado.
Demonio	Mis piedades les darán la vista luego y la voz que les quitaron, porque hablaron con desprecio mío. Mira a qué poder te entregas.
Irene	Yo me confieso tuya, Astarot, en la vida y en la muerte.
Demonio	Yo lo acepto.
Irene	¡Ay de mí, rabiando vivo! ¡Ay de mí, rabiando muero!

to he furious

(Vanse. Salen Lesbia y Lirón llorando.)

Lirón	¡Ay!
Lesbia	¿Por qué lloras?
Lirón	Probar quisiera si conseguir puedo en todo este lugar, ya que a nadie hago reír, hacer a alguno llorar; pues si la causa te digo del mal que traigo conmigo, fuerza es que antes y después

                    lloren todos.

Lesbia   ¿Qué mal es?

Lirón   Estar casado contigo.

Lesbia   Pues ¿cuándo pensasteis vos
                   tener mujer de esta cara?

Lirón   Eso nunca; que —¡por Dios!—
                   que si una vez lo pensara,
                   que no lo llorara dos.

Lesbia   La causa saber espero.

Lirón   ¿Qué mayor, si considero
                   a cuán pocas satisfizo
                   de las cuentas que me hizo
                   contigo el casamentero?
                   Porque él me dijo: «Lirón,
                   casaos; que es mucha razón
                   el que tenga un hombre honrado
                   casa, familia y estado.
                   Vos, con aquesa ración
                   que tenéis de barrendero
                   de este tempro, y con tener
                   quien lo gobierne, si infiero
                   que en manos de la mujer
                   luce doblado el dinero,
                   lo pasaréis, craro está,
                   como un rey; porque es así,
                   que a eso se juntará
                   su hacienda, y de aquí y de allí
                   la gracia de Dios vendrá».

Caséme, viéndole habrar
tan sin duelo y sin mancilla,
y la honra que vine a hallar
son mujer, casa y familia
que tener que sustentar.
Lo que yo solo comía,
lo como ahora en compañía,
y el locirlo tú es engaño;
pues no gano yo en un año
lo que gastas tú en un día.
Sin que de aquí ni de allí
un pan me venga siquiera,
ni la gracia de Dios quiera
más acordarse de mí
que si en el mundo no huera.
Y así de aquesta africión,
pues que le barro su tempro,
le he de pedir a Astarón
me libre; que, si contempro
cuántos sus milagros son,
que sana al cojo, al tullido,
al manco, al ciego, al baldado,
mayor milagro habrá sido
sanar a un hombre casado
del achaque de marido.

Lesbia   Yo también al tempro iré,
y a Astarón le pediré
que, si en otra ha de empezar
la grande obra de enviudar,
en mí sea; que yo sé
que me oirá mijor a mí,
mentecato, que no a vos.

Lirón	¿Por qué, Lesbia?
Lesbia	Porque sí.
Lirón	Pues vamos juntos los dos habrándole desde aquí.
Lesbia	Astarón de gran poder...
Lirón	Dios adorado y querido...
Lesbia	...duélos mirar...
Lirón	...duélaos ver...
Lesbia	...el talle de mi marido.
Lirón	...la cara de mi mujer.
Lesbia	Dadme modo...
Lirón	Dadme traza... de librarme de esta maza...
Lesbia	...de quien él la mona ha sido...
Lirón	...que, si hacéis esto que os pido...
Lesbia	...que, si esto hacéis...

(Dentro.)

Voces	¡Plaza, plaza!

31

Lirón	¿Qué ruido aquéste será?
Lesbia	Yo la causa de él no dudo; porque, viendo el rey que está un príncipe de esos mudo y el otro ciego, querrá traerlos al tempro a ofrecer sacrificio, para ver si así en la gracia conquista de Astarón su habra y su vista.
Lirón	Pues no tenemos que her por hoy mosotros, que tiene mucho que her nuestro dios; y así por hoy más conviene [....................ós?] [....................ene?] irnos.
Lesbia	No conviene tal; que mijor es asistir para ver en caso igual cómo le hemos de pedir la cura de mueso mal.

(Ábrese el templo, y salen el Rey, Ceusis, Licanoro, el Sacerdote y Músicos.)

Rey	Inmensa deidad bella de esta patria felice, pues en ella tu imagen venerada se ve, en templos y altares colocada, en ti la pena mía la fe con que te busca hallar confía

favores y piedades,
restituyendo al alma sus mitades.
Y, puesto que mi celo,
por excusarle la ojeriza al cielo,
a Irene —¡suerte esquiva!—
muerta la llora y la sepulta viva,
ya que otro arrimo ni descanso tengo
que estos báculos dos, en quien prevengo
descansar del prolijo
peso del reino, con que ya me aflijo...

Ceusis

    Si yo, por obligarle,
Pudiera —¡ay infeliz!— sacrificarle
vida y alma, lo hiciera,
porque a la luz del sol restituyera
la ciega vista mía.
¡Oh cuán triste es la noche sin el día!

Lirón

¿Esto es ser ciego? ¡Ay Dios, y quién lo fuera!

Lesbia

    ¿Por qué? Di.

Lirón

        Porque habrara, y no te viera.

(A Licanoro.)

Rey

    ¿A los cielos me enseñas?
¿Qué me quieres decir con esas señas?
Solo «uno» me señalas;
con tu dolor a mi dolor igualas.
¿Qué dices? No te entiendo.

Sacerdote

    Yo sí; que su concepto comprehendo.
Dice que, si él hubiera

de pedir el remedio, le pidiera
al dios que solo es uno.

Rey

De oírlo se alegra. ¿Haber puede ninguno
de absoluto poder? Ése es engaño.
Busca el remedio donde hallaste el daño.
Todos al templo entremos;
que no dudo que en él piedad hallemos.

Sacerdote

Ya desde aquí la imagen se termina,
y corren a sus aras la cortina.

Rey

Con músicas vosotros y con voces
los altos cielos penetrad veloces.

(Cantan.)

Músicos

Grande prodigio de Asia,
dios de la inferior Armenia,
nuestros lamentos escucha,
atiende a las voces nuestras;
pues deidades supremas
ni esconden el rigor ni el favor niegan.

(Descúbrese el ídolo.)

Rey

A ti, deidad soberana,
con dos aflicciones llega
quien más tu grandeza adora,
quien más tu culto venera;
a Ceusis y a Licanoro,
gran dios, traigo a tu presencia,
uno ciego y otro mudo.
En mí y en ellos ostenta

34

lo sumo de tu poder,
lo inmenso de tu grandeza.

Ceusis

Si pequé soberbio, humilde
ya el perdón te pido; muestra
que tiene la humildad premios,
si castigos la soberbia;
pues tu dulce voz suave
nos advierte y nos enseña...

(Cantan.)

Músicos

...que deidades supremas
ni esconden el rigor ni el favor niegan.

(Dentro el Demonio.)

Demonio

Quien a los dioses ultraja
justo es que sus iras sienta,
y justo también que goce
sus piedades quien los ruega.
Y, porque veas que en mí
hay castigo y hay clemencia,
la luz del sol a tus ojos
a restituirse vuelva.

Ceusis

Gracias te den, dios inmenso,
a un tiempo el cielo y la tierra.
Feliz quien ver mereció
revocada tu sentencia.

Sacerdote

¡Viva nuestro gran dios!

Todos

¡Viva!

Lesbia	¡Viva muy en hora buena!
Lirón	¡Viva, como me descase, pues que tan poco le cuestan los milagros!
Rey	Licanoro, pide tú con vivas señas sus favores, y entretanto la música a cantar vuelva.

(Cantan.)

Músicos	*...pues deidades supremas ni esconden el rigor ni el favor niegan.*
Demonio (Aparte.)	(Aunque las señas que hace nada conmigo merezcan, la voz le he de dar; pues más me importa ocultar la ofensa que limitar el poder.) Quien mi majestad venera con señas, es justo que ya con voces la engrandezca.
Licanoro	Es engaño; porque yo no te he pedido clemencia; a la causa de las causas la he pedido.
Sacerdote	Porque veas que Astarot lo es, ha querido darte como tal respuesta.

¡Viva nuestro gran dios!

Todos   ¡Viva!

Licanoro   Aun con ver que me reserva
                     del dañado impedimento
                     que tuvo atada mi lengua,
                     con mi duda quedé.

Lirón   ¿Han visto
                     cuánto es a la estatua muesa
                     záfil el hacer milagros?
                     Lleguemos nosotros, Lesbia.

Lesbia   ¿No ves que está el rey aquí,
                     y no querrá en su presencia
                     ocuparse en pocas cosas?

Lirón   Yo bien sé cómo pudieras,
                     si el milagro es descasarnos,
                     hacerlo tú, sin que huera
                     menester pedirlo a nadie.

Lesbia   ¿Cómo?

Lirón   Cayéndote muerta.

Lesbia   ¡Malos años para vos!

Rey   Divina deidad eterna,
                     ¿qué víctima, qué holocausto,
                     qué sacrificio, qué ofrenda
                     en hacimiento de gracias
                     puedo yo hacerte que sea

[handwritten margin note: what offering can I make that I will be more accepted]

37

más acepto?

Demonio
                    Dar a Irene
            libertad.

Rey
                    Mi providencia
            pervertir quiso sus daños;
            mas si eso mandas, por ella
            vayan, señor, al momento.

(Vase el Sacerdote. Dentro san Bartolomé.)

Bartolomé
                    ¡Penitencia, penitencia!

Rey
                    ¿Qué triste y mísero acento
            es el que en los aires suena?

Licanoro
                    Nunca se oyó en sus espacios
            voz tan horrible y funesta.

Ceusis
                    El sonido de sus ecos
            el corazón me atormenta.
            ¡Qué pavoroso ruido!

Lirón
                    ¿Cúya será esta voz, Lesbia?

Lesbia
                    A todos turba el oírla.

Demonio (Aparte.)
                    (Y más a mí el conocerla.
            Pero ¿qué temo, qué temo,
            que el apóstol de Dios venga,
            si viene a tiempo que tengo,
            con las mentidas grandezas
            de mis fingidos milagros,

toda esta gente suspensa?)

Rey

¡El corazón se estremece!
Gran dios, ¿cúya voz es ésta?

Demonio (Aparte.)

Yo te lo diré. (Aquí importan
mis engaños y cautelas.)
De un hombre, rey, que a tu corte
viene, que tirano intenta
quitar de tu mano el cetro
y el laurel de tu cabeza.
Y aunque otra cosa te diga,
ni le escuches ni le creas,
y está advertido, porque
o le mates o le prendas.

Rey

Esa palabra te doy.

Bartolomé

¡Penitencia, penitencia!

Licanoro

¿Qué hombre, cielos será éste?

(Sale Irene.)

Irene

¡Aguarda, detente, espera!
Que, aunque debiera primero
rendir gracias y obediencias
a dios que me da la vida,
y a ti que me la reservas,
de este hombre o de este monstruo
te quiero contar las señas,
ya que viniendo le vi
entre el vulgo que le cerca,
a cuya vista quedé

39

ni bien viva ni bien muerta,
de ver que el gusto de verte
me embaracen estas nuevas.

Licanoro (Aparte.)   (¡Qué peregrina hermosura!)

Ceusis (Aparte.)   (¡Qué soberana belleza!)

soverign beauty

Irene   Es su estatura mediana,
su barba y cabello en crencha
partida a lo nazareno
y de cenizas cubierta,
afectando el desaliño
más su hipócrita modestia;
el rostro es grave, la voz,
bien como de una trompeta,
armoniosamente dulce
y dulcemente tremenda;
vivo esqueleto de un vil
báculo que le sustenta,
es todo su adorno un saco
ceñido con una cuerda.
Pero ¿para qué repito
las señas suyas, si entra
ya en el templo? A cuya voz
todo el edificio tiembla,
cuando en pavoroso acento
dice atrevida su lengua...

(Sale San Bartolomé.)

Bartolomé   ¡Cristo es el Dios verdadero!
¡Penitencia, penitencia!

Lirón	¡Ay qué voz y qué semblante! Peor cara tiene que Lesbia.
Lesbia	Sí; pero mejor que tú, por mala que te parezca.
Rey	Hombre, aborto de la espuma, que esa marítima bestia sorbió sin duda en el mar, para escupirte en la tierra...
Licanoro	Parto de aquesas montañas que, equivocando las señas, para ser fiera, eres hombre, para ser hombre, eres fiera...
Ceusis	Racional nube que el viento para rayo suyo engendra, *que rise to* pues el trueno de tu voz *thunder* espeluza y amedrenta...
Irene	Prodigio, ilusión y asombro que ha bosquejado la idea de algún informe concepto de soñadas apariencias...
Rey	...¿qué mal entendido rumbo...
Licanoro	...¿qué derrotada tormenta...
Ceusis	...¿qué deshecho terremoto...
Irene	...¿qué fantástica quimera...

Rey	...a estos puertos...
Licanoro	...a estos montes...
Ceusis	...te trae?
Irene	...te arroja?
Rey	...te echa
	o te forma para asombro?
	¿Qué solicitas?
Licanoro	¿Qué intentas?
Bartolomé	La salud de tantas almas

como cautivas y presas
de la injusta idolatría
tiene la ignorancia vuestra,
que dejáis de dar al Dios
que es criador de cielo y tierra
las alabanzas que dais
al bronce, barro y madera
de que labráis vuestros dioses.
Éste es único en esencia
y trino en personas; pues
el Padre, que es la primera,
ni criado, ni engendrado
ni procedido se ostenta
de nadie, porque en sí mismo
sin fin ni principio reina;
el Hijo, que es la segunda
de esta soberana esencia,
ni criado ni procedido,
sino engendrado se muestra

del Padre, cuyo concepto
siempre incesable se engendra;
el Espíritu, que es
de aquesta esencia suprema
la tercera, ni criado
ni engendrado, es cosa cierta,
sino procedido de ambos;
que, aunque tres personas sean,
no son tres dioses, un solo
Dios es no más, una mesma
voluntad, un querer mismo
y una misma omnipotencia.
Uno es el Padre, uno el Hijo,
y de la misma manera
uno el Espíritu; pero
no son tres con diferencia,
no es fingido simulacro,
en cuya errada asistencia
habla el espíritu impuro
del demonio.

Rey   Ten la lengua;
que nuestros dioses infamas.

Irene   No prosigas, cesa, cesa;
que su gran poder ofendes.

Ceusis   ¿Qué imposibles sutilezas
son [a] las que nos persuades?

Licanoro   Tente, Ceusis; no le ofendes,
hasta entender sus razones.

Rey   ¿Qué razones? Todas ellas

son para darme la muerte.

Bartolomé   No son sino vida eterna.

Rey   Cuando eso fuera verdad,
¿cómo quieres que lo crea,
que este simulacro hermoso
virtud divina no tenga,
si, cuando vienes, estamos
dándole gracias inmensas
de dos milagros tan grandes
como dar su providencia
vista al ciego y voz al mudo?

Bartolomé   Sabiendo que todas esas
obras caben en la margen
de la gran Naturaleza,
habiendo puesto primero
el impedimento en ella,
como angélica criatura,
capaz de todas las ciencias.
Prosigue sus sacrificios
y di, si de dios se precia,
que, estando yo aquí, responda
a alguna pregunta vuestra.

Demonio   Sí responderé.

Bartolomé   No harás;
que yo con esta cadena
de fuego, en nombre de Dios,
tengo de ligar tu lengua.
Habla ahora. Preguntadle;
decid que os dé la respuesta.

44

(Al báculo que trae Bartolomé, que será a modo de cruz, se pondrá una
bombilla y se encenderá por debajo.)

Ceusis   Gran dios de Astarot, tu nombre
                          hoy se ilustre y engrandezca.
                          Vuelve por ti, con decirnos
                          lo que este bárbaro intenta.

Demonio (Aparte.)   (No puedo hablar —iay de mí!—
                          porque cautivas y presas captives + prisoners
                          con cadena están de fuego
                          mis acciones y mis fuerzas.)
                          No me aflijas, no me aflijas, Do not afflict me
                          Bartolomé; que ya deja
                          mi engaño este ídolo mudo, deceit this mute idol
                          faltándole mi asistencia. he lacked my assistance
                          Y así cúbranme la faz
                          caliginosas tinieblas
                          que den al cielo pavor,
                          que den asombro a la tierra.

(Cubren el altar.)

Bartolomé   ¿Cuánto es más, quitar a un dios
                          vista y voz, que no el que pueda
                          dar a otros voz y vista?

Ceusis   Eso fuera, si no fuera
                          valido de los encantos
                          y mágicas apariencias
                          de que usáis los galileos
                          todos, de hechizo y quimera.
                          ¡Muera a mis manos quien viene

45

                    a alterar la patria!

Todos   ¡Muera!

Licanoro   Dejadle; que hasta ahora no
                     sabemos que nos ofenda.

Irene   Sí sabemos, pues que viene
                     a introducirnos ley nueva
                     de un dios que ignoramos, siendo
                     la gran provincia de Armenia
                     patrimonio de los dioses
                     y de nosotros herencia,
                     desde que la primer nave
                     tomó en sus cumbres excelsas
                     puerto, sobre cuya cima
                     incorruptible se asienta.

Bartolomé   Y aun por eso aquí de Cam
                     la réproba descendencia
                     obra con su idolatría
                     en vuestros pechos impresa.

Rey   No lo escuches.

Ceusis   No le oigas.
                     ¡Muera a nuestras manos!

Todos   ¡Muera!

Bartolomé   Para otra ocasión el cielo
                     mi vida guarda y reserva.

                     attack
(Quieren acometer a Bartolomé, y él vuela.)

46

Lirón	Hecho una bestia he quedado.

(Vase.)

Lesbia	Siempre tú eres una bestia.

(Vase.)

Rey	Seguidle todos, buscadle,
	hasta traerle a mi presencia.

(Vase.)

Sacerdote	Sacrificio le he de hacer
	de aquestas aras sangrientas.

(Vase.)

Irene	La primera seré yo
	que le dé la muerte fiera,
	pues como esclava me toca
	del dios de Astarot la ofensa.

(Vase.)

Ceusis	Yo bien quisiera seguirle,
	mas la divina presencia
	de Irene me lleva el alma.

Licanoro	A mí también me la lleva,
	y por eso no le sigo.
(Aparte.)	(Aunque el seguirle yo fuera,
	no para darle la muerte,

47

mas para que luz me ofrezca
de si el dios que yo imagino
es como el dios que él enseña.)

Fin de la jornada primera

JORNADA SEGUNDA

(Sale Licanoro.)

Licanoro
¿Qué pretende mi fortuna,
que tan enojosa y triste
con dos pasiones embiste,
pudiendo matar con una?
Y molesta e importuna
darle dos muertes previene
al que una vida no tiene,
siendo causa de las dos
la investigación de un dios
y la hermosura de Irene.

(Sale Ceusis.)

Ceusis
¿Qué solicita mi suerte,
que tirana y atrevida,
para quitarme una vida,
usa de una y otra muerte?
Justo celo, dolor fuerte
ocasiona mi tristeza,
siendo causa la aspereza
de mi cólera y mi furia,
del dios de Astarot la injuria
y de Irene la belleza.

Licanoro
¿Adónde pudiera hallar
aquel hombre prodigioso,
porque de su misterioso
dios me volviese a informar?

Ceusis
¿Dónde pudiera encontrar

aquel monstruo peregrino
que a nuestra provincia vino,
para que mi saña vea,
y víctima humana sea
de nuestro ídolo divino?

Licanoro   .... [-ós]
                  ....
                  ....
                  .... [-ós]
                  Mas ¿cómo pretendo —iay Dios!—
                  buscarle, si preso lucho
                  de Irene divina?

Ceusis   Mucho
                  es mi mal, mi pena atroz.

(Suenan dentro los Músicos.)

Licanoro   Mas ¿qué instrumento...?

Ceusis   ¿Qué voz...?

Licanoro   ¿...es el que oigo?

Ceusis   ¿...es la que escucho?

(Cantan.)

Músicos   *Sin mí, sin vos y sin Dios,*
                  triste y confuso me veo;
                  sin Dios, por lo que os deseo,
                  sin mí, porque estoy en vos,
                  sin vos, porque no os poseo.

(Sale Irene.)

Irene

No cantéis; que no permite
esta necia pasión mía
que de su melancolía
nadie el mérito la quite.

Licanoro

No, señora, solicite
vuestra tristeza estorbar
lisonja tan singular
a quien de ella traído viene.
Mandad, bellísima Irene,
que otra vez vuelva a cantar
ese bellísimo encanto.

Irene

Mucho extraño que haya a quien
suene la música bien,
pudiendo escuchar el llanto.

Ceusis

Más extraño yo y me espanto
de veros con tal crueldad,
después que vuestra beldad
de su libertad gozó.

Irene

Pues ¿quién os dijo que yo
gozo de mi libertad?

Ceusis

El veros vivir, señora,
en palacio lo confiesa.

Irene

¿Y qué sabéis vos, si esa
también es prisión ahora?

Licanoro	¿De qué suerte?
Ceusis	¿Cómo?
Irene	¡Flora!

(Dentro Flora.)

Flora	¿Qué mandas?
Irene	Vuelve a cantar.

Así pretendo atajar
vuestra plática, porqué
no pidáis que razón dé
de razón que no he de dar.

(Cantan.)

Músicos

Sin mí, sin vos y sin Dios,
triste y confuso me veo;
sin Dios, por lo que os deseo,
sin mí, porque estoy en vos,
sin vos, porque no os poseo.

Licanoro

Bien letra y tono parece
que compuso mi dolor,
viendo que el alma padece
un nuevo incendio de amor,
que nunca a ser mayor crece.
    Su objeto somos los dos,
y aun Dios, pues al irme a hallar,
sin mí me hallo, y no con vos;
con que me vengo a quedar
sin mí, sin vos y sin Dios.

52

Ceusis

Yo del imán soberano
de vuestros divinos ojos
contento estoy, aunque en vano
intento que los enojos
de mi dios vengue mi mano.
Si ir tras su ofensa deseo,
mi muerte en mi ausencia veo,
y entre los discursos varios
de dos afectos contrarios,
triste y confuso me veo.

Licanoro

Del dios que ignoro, hasta agora
principio ninguno hallé.
y aunque por saber de él llora
el alma, ciega es la fe
que a uno busca y a otro adora.
Si a Dios busco, a vos no os veo;
si os veo a vos, a Dios ignoro;
y así está mi devaneo
sin vos, por lo que os adoro,
sin Dios, por lo que os deseo.

Ceusis

Desde el instante que os vi,
toda el alma os entregué;
y aunque el agravio sentí
de Astarot, también mi fe
me ha dejado a mí sin mí.
Perdone su ofensa el dios,
y dé castigo a los dos;
pues me ha de hallar desde aquí
con vos, porque estáis en mí,
sin mí, porque estoy en vos.

[Handwritten annotations: "soverign magnet" over "imán soberano"; "The anger of my God will avenge my hand" over "los enojos / de mi dios vengue mi mano"; "no está con Irene"; "absence" over "ausencia"; "speeches" over "discursos"; "conflicto"; "The God I didn't know until / First nothing to find out" over "Del dios que ignoro, hasta agora / principio ninguno hallé"; "blind is the faith / that one looks for, another adores" over the following lines; "idle pursuit" over "devaneo"; "From the instant you see, / all the soul you turn in / the insult felt" over the Ceusis speech]

Licanoro	Tan corta es la dicha mía que aun ser esperanza ignora.
Ceusis	La mía no; porque sería mostrar, quien sin ella adora, cuán poco al mérito fía.
Licanoro	Yo no aspiro a tanto empleo...
Ceusis	Yo aspiro a cuanto deseo...
Licanoro	...y con gusto...
Ceusis	...y con pesar...
Licanoro	...he de vivir...
Ceusis	...he de estar...
Licanoro	...sin vos.
Ceusis	...porque no os poseo.
Irene	Si sois los que me habláis, dudo, cuando a oír a los dos llego, que a vos os juzgaba ciego y a vos, Licanoro, mudo.
Licanoro	Nunca con más causa pudo juzgarlo vuestra hermosura.
Ceusis	Una razón lo asegura bien en mí.

Licanoro   Y en mí lo advierte
un ejemplo.

Irene   ¿De qué suerte?

Ceusis   Ciego es [a] aquel que la pura
luz del sol falta.

Irene   Es así.

Ceusis   Y ciego, Irene, también
viene a ser aquel a quien
la luz del sol ciega.

Irene   Di.

Ceusis   [.....................-í?]
Luego en mí este ejemplo cobra
fuerza; ciego estoy, pues obra
una experiencia tan alta,
allí porque luz me falta,
aquí porque luz me sobra.

Licanoro   ¿Que yo estoy más mudo ahora
que estuve entonces allí
probar no me toca?

Irene   Sí.

Licanoro   Pues oye atenta, señora.
Mudo es aquél —¿quién lo ignora?—
que por falta de instrumento
no explica su sentimiento;
luego yo a estarlo me obligo;

pues cuando hablo más, no digo
lo menos de lo que siento.
   Y aunque entonces embargada
la voz, pude en algún modo
por señas decirlo todo,
ya ahora no digo nada;
luego si al mirarla atada
de otorgarme te desdeñas
aun lisonjas tan pequeñas,
más mudo vengo ahora a estar,
pues no me puedo explicar
ni con voces ni con señas.

Irene

   Que estáis ciego y estáis mudo
los dos habéis pretendido
probar, valiéndoos a un tiempo
de cortesanos estilos;
y así, que vos estáis mudo
no he de creer, habiendo oído
atrevimientos tan mal
pensados como bien dichos.
Que estáis ciego vos creeré
más fácilmente, si miro
cuán ciego debe de estar
quien no ve que habla conmigo,
y para que no os parezca
por una parte mi juicio
tan fácil que le persuaden
sofísticos silogismos,
ni por otra tan grosero
que no os crea, determino
repartir entre los dos
las dudas y los designios.

Licanoro	Si yo pensara enojaros, mármol fuera helado y frío.
Ceusis	Lince fuera yo, aunque viera vuestros enojos esquivos.
Licanoro	Porque atento a no ofenderos...
Ceusis	Porque atento a conseguiros, mi afecto os rindo postrado.
Licanoro (A Ceusis.)	...yo os le doy, mas no os le rindo. Mucho el ver que me compitas con esa arrogancia estimo.
Ceusis	Pues ¿quién te ha dicho que yo, Licanoro, te compito?
Licanoro	Lo bien que a ti te estuviera cualquiera igualdad conmigo.
Ceusis	Pues ¿cuándo yo...?
Irene	Bien está; y ya que ostentar los bríos intentáis, para que sea en mejor lid, solicito daros a entender la queja que de los dos he tenido, el valor de que me ofendo y el amor de que me obligo. Usa el gran dios de Astarot con los dos de sus prodigios, póneme a mí en libertad,

57

interrumpe el sacrificio
un hombre que al templo llega,
extranjero advenedizo,
abortado de esos mares,
y engendrado de esos riscos.
Enmudece nuestro dios,
publica el nombre de Cristo,
desaparece en el viento
y, usando de sus hechizos,
aunque le buscan en montes
y en ciudades los ministros
de mi padre, no le hallan;
y para mortal castigo,
enojado nuestro dios,
nos niega sus vaticinios.
Y cuando yo con tan grandes
penas me ahogo y me aflijo
con más causa, porque el dios
de Astarot es dueño mío,
después que le consagré
alma y vida en sacrificio,
antes de vengar su ofensa,
tan necios o inadvertidos
venís a decirme amores,
sin advertir cuánto ha sido
indigno de mi fineza
quien no es de mi pena digno.
[Mía] es la ofensa del dios
de Astarot; a mí me hizo
aquel asombro el ultraje,
el desaire aquel prodigio.
Pues ¿cómo, cómo queréis
que yo os premie, cuando os miro
tan desairados a vista

de los sentimientos míos?
Y si ostentar pretendéis
las altiveces, los bríos,
rendimientos y finezas,
idos de mi vista, idos;
y ninguno vuelva a ella
sin traerme algún indicio;
que a aquél que me le trajere
a favorecer me obligo
con la vida y con el alma,
que es ofrecerle lo mismo
que desagravio, supuesto
que por suyas las estimo.

Ceusis   ¿Eso ofreces?

Irene   Esto ofrezco.

Licanoro   ¿Eso dices?

Irene   Esto digo.

Ceusis   Pues yo le traeré a tus plantas,
si sé por varios caminos
pisar montes, sulcar mares,
desde donde ese Narciso
de los cielos nace en flores,
hasta donde muere en vidrio.

(Vase.)

Licanoro   Yo no te ofrezco traerle.

Irene   ¿Por qué?

Licanoro	Porque no me animo a tanta empresa, aunque pierda de esa esperanza el alivio.
Irene	¿Cómo?
Licanoro	Como hombre a quien guarda su dios, señora, es preciso seguro estar de nosotros, aun entre nosotros mismos. Y tengo a menos desaire no ofrecer, amante y fino, lo que no sé si podré cumplir después de ofrecido.
Irene	¡Ay, Licanoro, mal haces!
Licanoro	¿Cómo o por qué?
Irene	No me animo a decirlo yo tampoco; que no me está bien decirlo.
Licanoro	Peor me está a mí no entenderlo.
Irene	Pues partamos el camino; yo te diré la mitad de la razón que no digo; adelanta tú al discurso la otra mitad, y preciso será que nos encontremos a entenderlo sin decirlo.

60

Licanoro	Has dicho bien.
Irene	Pues yo empiezo.
Licanoro	Y yo, señora, te sigo.
Irene	Al que me traiga a aquel hombre favorecer he ofrecido. Ya he dado yo el primer paso.
Licanoro	Yo le doy ahora, y te pido no me mandes eso solo, y verás cómo te sirvo.
Irene	Mucho que tú le trajeras estimara mi albedrío.
Licanoro	No me atrevo contra un dios que, aunque le ignoro, le estimo.
Irene	Muy lejos vas de encontrarme, Licanoro.
Licanoro	Fuerza ha sido, Irene; porque los dos seguimos rumbos distintos.
Irene	Con todo eso, quiero dar otro paso.
Licanoro	Y yo otro indicio.
Irene	El dios de Astarot está enojado y ofendido.

Licanoro	Luego quien pudo ofenderle y agraviarle habrá podido más que él.
Irene	Su ofensa es mi ofensa.
Licanoro	Dios es; vénguese a sí mismo.
Irene	Mira que vas, Licanoro, dejando atrás el camino.
Licanoro	Tú eres quien le pierde, Irene.
Irene	Pues volvamos al principio. Quien a los dioses ultraja fuerza es que quien me ha querido desagravie.
Licanoro	¿Quién a un dios que dejarse agraviar quiso desagraviará?
Irene	Tú sólo.
Licanoro	Es engaño.
Irene	Eso es delirio.
Licanoro	Ésa ilusión.
Irene	Eso miedo.
Licanoro	Ésa ignorancia.

Irene   Es preciso;
                  y no nos busquemos más,
                  puesto que ya nos perdimos;
                  siendo yo tan desdichada
                  que, tú ingrato y Ceusis fino,
                  me ha de deber el favor
                  quien no me debió el cariño.

(Vase.)

Licanoro   ¡Que sea en mí tan poderosa
                  esta aprehensión de que ha habido
                  primer causa de las causas,
                  dios sin fin y sin principio,
                  que no deja en mi discurso
                  razón, elección ni arbitrio
                  aun para amar, cuando más
                  a la hermosura me inclino
                  de Irene! Pues por creer
                  que aquel Dios de quien ya dijo
                  el extranjero las señas
                  y el que yo adoro es el mismo,
                  a ofenderle no me atrevo.
                  ¡Valedme, cielos benignos!
                  Que a tanto misterio falta
                  la razón, fallece el juicio.
                  Si tres personas y un dios
                  predica, y éstas han sido
                  el Padre y el Hijo amado
                  y el Espíritu divino,
                  ¿cómo, no habiendo nombrado
                  otro dios que el Uno y Trino,
                  Cristo es verdadero Dios

dijo también? ¿Quién es Cristo
de estas tres personas?

(Dentro el Sacerdote.)

Sacerdote   Presto
            saldrás de ese laberinto
            de dudas y confusiones.

Licanoro   ¿Dónde o cómo? Mas ¿qué miro?
            El rey es, y tan suspenso
            viene que aquí no me ha visto.
            No le quiero hablar, porque
            no embarace los motivos
            de mis discursos. Dad, cielos,
            nueva luz a mis sentidos,
            que entre un dios y una belleza
            anda delirando el juicio.

(Vase. Salen el Rey y el Sacerdote.)

Rey   There is no consolation for me
            No hay consuelo para mí.

Sacerdote   Presto, señor, como he dicho,
            saldrás de esa confusión,
            en firmando los edictos.
            En ellos de todo el reino
            avisarás los ministros
            que a aquel hombre prendan, donde
            quiera que tengan aviso
            de él, por las señas que envías,
            ensanchando tus distritos
            hasta el reino de Astiages
            tu hermano, de quien confío

que hará mayor diligencia.

Rey   Hasta que en el poder mío
le veo, y haga en las aras
de Astarot su sacrificio,
no ha de haber consuelo en mí,
por verle tan ofendido.
Pon aquí aquesos papeles,
y nadie entre mientras firmo.
Leer quiero en esta minuta
de los demás el estilo.

(Pone el Sacerdote unos papeles que trae sobre un bufete y vase; y el Rey, sentado junto al bufete, lee un papel.)

Rey   «Nobles prefectos de Armenia,
jueces y legados míos,
sabed que a nuestra provincia
llegó un humano prodigio
que, alterando nuestras leyes,
las ceremonias y ritos,
un nuevo dios predicando,
turbó nuestros sacrificios.
Huyóse al punto; y así
conviene a nuestro servicio
que le busquéis y prendáis;
para cuyo efecto envío
sus señas. Son pobres ropas,
y él un esqueleto vivo.»
¡Ay de mí, que de acordarme
de él ahora tiemblo y me aflijo,
y tan presente le tengo
que parece que le miro!

(Sale San Bartolomé.)

Bartolomé   En vano, rey engañado,
                                 despachas contra mí edictos,
                                 para que me busquen otros,
                                 si yo me traigo a mí mismo.
                                 Prosigue; que, porque no
                                 yerres la copia, he venido
                                 a que de mí la traslades.

Rey   Ilusión de mis sentidos,
                                 sombra de mi devaneo,
                                 de mi discurso delirio,
                                 ¿cómo has entrado hasta aquí?

Bartolomé   Quien del cielo a abrirte vino
                                 las puertas bien es que abiertas
                                 halle las de tu retiro.
                                 ¿Diligencias para hallarme
                                 haces? ¿Qué me quieres? Dilo;
                                 que ya presente me tienes.

Rey   De tus encantos y hechizos
                                 no menor efecto es
                                 el haberte aquí venido
                                 que el haberte allá ausentado;
                                 y aunque es la verdad que quiso
                                 mi deseo verte, ya
                                 tomara no haberte visto.
                                 ¿Qué me quieres? ¿Qué me quieres?

Bartolomé   Hacer al cielo testigo,
                                 al sol, la luna y estrellas,
                                 astros, planetas y signos,

del gran poder de mi Dios,
cuya nueva ley publico;
porque soy uno de doce
discípulos escogidos
que a sembrar por todo el mundo
de su Evangelio venimos
la semilla; y nos envía
de fe y esperanza ricos.
Y así, en nombre suyo vengo
a aplazarte un desafío,
a cuyo duelo señalo
de aqueste gran templo el sitio,
por armas sola mi voz,
y por juez a tu dios mismo.
En él me hallarás. A él
haz que vengan prevenidos
los sacerdotes, tus sabios,
todos a argüir conmigo,
en presencia de tu dios;
y el que quedare vencido
a manos del otro muera.

Rey   Tanto de mis dioses fío
y de mis sabios espero
que lo acepto y lo permito.

Bartolomé   Pues en el templo te aguardo,
y me hallarás en el sitio
armado de fe, que son
las armas con que yo lidio.

(Desaparece.)

Rey   ¡Espera, aguarda! En el aire

se ha desaparecido.
Divinos dioses, ¿es sueño,
es encanto o es delirio?
¡Hola!

(Sale el Sacerdote.)

Sacerdote   Señor, ¿qué me mandas?

Rey   ¿No habéis visto, no habéis visto
aquel pasmo, aquel horror?

Sacerdote   ¿Quién?

Rey   El profeta de Cristo.

Sacerdote   Engaño es de tu deseo;
nadie ha entrado ni ha salido,
porque yo he estado a la puerta.

Rey   No es; que aquí estuvo conmigo,
yo le he visto, yo le he hablado,
por señas de que me ha dicho
que quiere hacer con mis sabios
certamen y desafío
de sus ciencias. Y así al punto
se truequen estos edictos
en pregones que convoquen,
dando de esta lid aviso
a los sabios de mi reino;
que yo, postrado y rendido
al asombro de su voz,
de su semblante al prodigio,
en mis sombras tropezando,

voy huyendo de mí mismo.

(Vanse. Descúbrese el templo y sale Lirón.)

Lirón
«Mijor se puede pasar
todo el año sin moger
que dos días sin comer»,
dice un badajo vulgar;
   y cuando él no lo dijera,
pudiera decirlo yo,
que buen badajo me so.
¡Ay hambre terrible y fiera,
   cuánto tu vista me espanta!
Pescudaba un hombre un día
dónde cae el mediodía,
y otro dijo: «A la garganta».
   Dígalo yo; que dempués
que mueso dios perdió el habra,
y que sola una palabra
pronunciar no quiere, es
   tan poca la devoción
que con él la gente tiene
que nadie a su tempro viene;
con lo cual de la ración
   la quitación ha llegado;
que no hay tan sola una ofrenda,
que era mi mijor hacienda.
Pues pobres hemos quedado,
   remiendémonos los dos,
Astarón omnipotente,
y pues dicen comúnmente:
«Quien no habra, no le oye Dios»,
   no el rofián mudéis conmigo;
habrad sola una palabra,

que dirán que a Dios que no habra
tampoco le oye el bodigo.
  ¿Aun no queréis? Pues par Dios,
que habéis, ya que mudo estáis,
de habrar, aunque no queráis,
o yo he de habrar por vos,
  haciendo lo que he pensado.
Yo me tengo de esconder
detrás de la estatua y ser
dende hoy ídolo barbado.
  Que, viendo que habró Astarón,
y la habra cobró ya,
la devoción volverá
y volverá la ración.
  A ganar voy, no a perder;
y cuando me salgan malos,
tan sólo matarme a palos
es lo que pueden hacer.
  Y aunque no salga barato,
a quien su industria le vale,
barato el comer le sale.

(Dentro Lesbia.)

Lesbia   ¿Adónde estáis, mentecato?

Lirón   Lesbia es ésta. Ella ha de ser
                          la que antes he de engañar.
                          Ahora bien, voyme a endiosar,
                          que es a tener que comer.

(Pónese en el altar detrás del ídolo. Sale Lesbia.)

Lesbia   ¿Dónde estáis, que no os encuentro,

simpronazo? Aun no responde
por su propio nombre. ¿Dónde
se habrá ido, que aquí dentro
   ni huera le puedo hallar?
Y quisiera yo saber
si ha de busca la mujer
la comida.

(Dentro.)

Lirón   No hay dudar.

Lesbia   ¿Qué voz es ésta —iay de mí!—
que en el mismo altar se oyó?
¿Quién es quien ahí habra?

Lirón   Yo.

Lesbia   ¿Es el dios de Astarón?

Lirón   Sí.

Lesbia   Pues ¿cómo os dignáis conmigo
de habrar hoy?

Lirón   Como me muero
de lo que he callado, y quiero
hartarme de habrar contigo.

Lesbia   ¿Que os merezca tal ventura
la mujer, señor, de vueso
barrendero?

Lirón   Y aun por eso,

que estó hecho una basura.

Lesbia   Ya que afabre os llego a ver,
                         ¿queréis enviudarme?

Lirón   No;
                         porque ese milagro yo
                         para mí lo he menester.

Lesbia   Pues ¿cómo podré pasar
                         con marido de aquel talle?

Lirón   Tratando de regalalle.

Lesbia   ¿Con qué le he de regalar,
                         si no tenemos los dos
                         manjares que satisfacen?

Lirón   Buscadlos vos; que así hacen
                         otros mijores que vos.

Lesbia   Por no ofenderos, confieso
                         que mil hambres padecí.

Lirón   No las padezcáis; que a mí
                         no se me da nada de eso.
                         ....

Lesbia   Pues yo lo haré así.

Lirón   Haréis bien.

(Sale el Sacerdote.)

Sacerdote	¿Quién, dioses piadosos, quién
	....
	creerá que aquella ilusión
	tanto al rey ha persuadido
	que manda que prevenido
	el templo tenga, a ocasión
	de la lid que en él espera?
Lesbia	¿Vos licencia me dais?
Lirón	Sí.
Sacerdote	Mas ¿quién es quien habla aquí?
Lesbia	Yo soy, señor; y quisiera
	pedirte albricias.
Sacerdote	¿De qué?
Lesbia	De que ya Astarón habró.
Sacerdote	¿Quién, Lesbia, lo dice?
Lirón	Yo.
Sacerdote	¡Felice, pues escuché
	su voz! Sin duda ha querido,
	viendo que el rey ha aceptado
	el desafío aplazado,
	volver por su honor perdido.
	A decirlo al rey iré,
	para que el concurso sea
	mayor, y este monstruo vea
	sus maravillas; aunqué

el salir es excusado,
pues dice sonoro el viento
con cuánto acompañamiento
el rey en el templo ha entrado.
   Ya el velo puedo correr.

(Descúbrese el ídolo vestido como estaba el Demonio, y salen el Rey,
Licanoro, e Irene y acompañamiento.)

Lirón (Aparte.)   (¡Si me ve, hoy muero!)

Sacerdote   Señor,
                        albricias de la mayor
                        fortuna que merecer
                           pudo tu imperio.

Rey   ¿Qué ha sido?

Sacerdote   Ya el cielo vuelve por ti
                        y por tu causa; y así
                        nuestro gran dios ha querido
                           dolerse de nuestro llanto.

Lirón (Aparte.)   (¡Ay, que el rey mismo me adora!
                        Estó por decir ahora
                        que no lo hice yo por tanto.
                           Mas mijor es proseguir
                        el engaño, ya que en él
                        estó empeñado.)

Sacerdote   Ya fiel
                        vuelve en su culto a lucir.
                           Llegad, preguntadle todos
                        y veréis si da este día

respuesta como solía.

Lirón (Aparte.)
(Distintos serán los modos;
mas al fin responderá
bien o mal, como saliere.)

Rey
Bello esplendor que prefiere
a la luz que el sol nos da,
pues hoy ha de ser aquí
la lid de uno y otro dios,
volved, gran señor, por vos.

Lirón
Yo me acordaré de mí.

Rey
No permitáis que ensalzado
en nuestras aras se vea
dios que ignoramos quién sea.

Lirón
Yo me tengo harto cuidado.

Rey
¿No hablas, Licanoro?

Licanoro
No
quisiera, por excusar
lo que le he de preguntar.
Cristo ¿quién es?

Lirón
¿Qué sé yo?

Sacerdote
¿Dónde está, gran señor, di,
que mis ojos no lo ven,
el extranjero con quien
arguir nos mandas?

(Sale San Bartolomé.)

Bartolomé   Aquí;
                              que quien lidia voluntario
                              por su Dios no ha de huir,
                              hasta vencer o morir,
                              la cara de su contrario.

Rey   Mira qué poco sirvió
                              aquella prisión de fuego,
                              pues habló la estatua luego.

Lirón (Aparte.)   (Gracias a por quien habró;
                              que a fe que se las debéis.
                              ¿Qué va que vienen los palos
                              primero que los regalos?)

Rey   Ea, ya empezar podéis.

Sacerdote   Manda, señor, que la opinión asiente,
                              porque con fundamento se argumente.

Bartolomé   Yo defiendo que un Dios...

(Sale Ceusis.)

Ceusis   Antes que empiece
                              la cuestión, si mi celo lo merece,
                              y das licencia, gran señor, te pido
                              que me escuches.

Rey   ¿Qué traes? ¿Qué ha sucedido?

Ceusis   En busca de esta fiera

que escandalosa toda el Asia altera,
penetraba los montes
que dividen al sol en horizontes,
cuando en lo más oculto
de las entrañas de un peñasco inculto
que, entreabierta la boca,
haciendo labios de una y otra roca,
parece, con pereza,
que el monte melancólico bosteza,
vi una mujer, si pudo
del traje lo vestido o lo desnudo
darme de serlo señas;
porque más parecía entre las peñas
bulto que inanimado
el acaso sin arte había formado;
cuya duda creyera,
si con humana voz no me dijera,
que aun ahora me aflige...

(Sale el Demonio en traje de mujer.)

Demonio   Aguarda; yo diré lo que te dije.
«Gallardo joven, engañado vienes
a buscar lo que ya en tu corte tienes;
pues ese monstruo humano
que de su nuevo dios intenta en vano
introducir el nombre,
predicándole Cristo, Dios y hombre,
ya de estos montes, que traidores fueron,
pues tres días oculto le tuvieron,
falta. Yo lo he sabido,
porque no hay para mí centro escondido,
siendo yo Selenisa,
del gran dios de Astarot la pitonisa.

No shelter, es frio

Estos páramos vivo,
donde observo mejor, mejor percibo
los humanos desvelos
en el rápido curso de los cielos.
Por mis observaciones he alcanzado
que a un duelo va aplazado
donde, si bien infiero
que el gran dios de Astarot parezca, quiero
entre sus sabios verme,
por ver así si a mí puede vencerme.
Esta la causa ha sido
de haber —dije—, a la luz del sol salido.»
Mas él, que de mi acción mi ser colige,
me dijo...

Ceusis   Yo diré lo que te dije.
«Vente conmigo, adonde
tu ciencia, que a tu ingenio corresponde,
este prodigio venza.»

Demonio   Obedecíle, y pues cuando comienza
el argumento llego,
que me admitas a él, señor, te ruego.

Rey   De que tú a este concurso hayas venido
estoy a mi fortuna agradecido.

Demonio   Pues yo, dándome, señor,
vuestra majestad licencia,
vos, serenísima infanta,
altos príncipes, nobleza
y plebe, porque a ese espanto
hoy todo tu pueblo vea,
que, siendo yo una mujer,

78

menos capaz de la ciencia,
basto para concluirle,
le propondré la primera
cuestión, y podrán después
tomar la réplica de ella
con mayor autoridad
los que mejor la defiendan.

Lirón (Aparte.)   (Malo es ser dios en cuclillas;
quebradas tengo las piernas.)

Demonio   Tú, peregrino extranjero,
¿en tus principios asientas
un dios solo, y que éste es
tres personas y una esencia?

Bartolomé   Sí.

Demonio   No es esa la cuestión,
aunque contra ésa pudiera
argüir, porque pretendo
tomarla desde más cerca.
Después de haber asentado
esa Trinidad inmensa,
asientas también que Cristo
es Dios; y así contra esta
parte de tus conclusiones
he de argüir.

Bartolomé   Fuerza era
que contra la humanidad
te declarases, porque ella
fue en tu primera ojeriza
asunto de tu soberbia.

Ya te he conocido; di,
forma el silogismo, empieza.

Demonio   Quien dice que hay sólo un dios
en tres personas y prueba
que éstas son el Padre, el Hijo
y el Espíritu, da muestra   *show me there*
que no hay más dios.   *are no more*
                                       Gods

Bartolomé   Es verdad.

Demonio   Pues contra ti mismo enseñas
que Cristo es Dios verdadero.
Cristo es persona diversa;
luego son los dioses dos
o Cristo no es dios, o aquesas
personas, si es dios, son cuatro.

Bartolomé   Distingo la consecuencia;
que las personas sean tres
concedo; que una no sea
de ellas Cristo niego.

Demonio   Pruebo;
Cristo «ungido» manifiesta,
que es humanidad.

Bartolomé   Concedo
la mayor.

Demonio   Dios es eterna
divinidad.

Bartolomé   La menor

concedo.

Demonio

             Luego evidencia
es que divino y humano,
que son distancias diversas,
implican contradicción.

Bartolomé

             No es. Niego la consecuencia;
que el Hijo, que es de las tres
segunda persona eterna,
es Dios y hombre verdadero.

Demonio

             ¿Hombre y Dios?

Bartolomé

             Sí. ¡Aguarda, espera!

Demonio

             Hombre es, pues fue concebido
de humana naturaleza.

Bartolomé

             Y Dios, pues divinidad
y humanidad une y mezcla.

Demonio

             Hombre es, pues su misma madre
conoce de Adán la deuda.

Bartolomé

             Y Dios, pues al elegirla
de la culpa la preserva.

Demonio

             Hombre es, pues ella en efecto
en sus entrañas le engendra.

Bartolomé

             Y Dios, pues su encarnación
sin obra es de varón hecha.

Demonio	Hombre es, pues de ella nace, tomando su carne mesma.
Bartolomé	Y Dios, pues queda en el parto antes y después doncella.
Demonio	Hombre es, pues sujeto nace del tiempo a las inclemencias.
Bartolomé	Y Dios, pues que los pastores y tres reyes le veneran.
Demonio	Hombre es, pues sus padres le pierden del templo a la puerta.
Bartolomé	Y Dios, pues dentro le hallaron, leyendo divinas ciencias.
Demonio	Hombre es, pues de temor huye a Egipto y su patria deja.
Bartolomé	Y Dios, pues derriba huyendo cuantos ídolos encuentra.
Demonio	Hombre es, pues en el desierto la hambre y sed le atormentan.
Bartolomé	Y Dios, pues cuarenta días les pudo hacer resistencia.
Demonio	Hombre es, pues que se le atreven a tentar con duras piedras.
Bartolomé	Y Dios, pues con una voz

tres tentaciones ahuyenta.

Demonio Hombre es, pues de hombres se vale,
y ésos de suma pobreza.

Bartolomé Y Dios, pues que la humildad
elige por compañera.

Demonio Hombre es, pues uno de doce
trata de ponerle en venta.

Bartolomé Y Dios, pues aun a ese mismo
lava y consigo le asienta.

Demonio Hombre es, pues sentencia oye
de muerte, y no la remedia.

Bartolomé Y Dios, pues, por darnos vida,
se dispone a esa sentencia.

Demonio Hombre es, pues en una cruz
clavado padece afrentas.

Bartolomé Y Dios, pues el perdón pide
de los que le han puesto en ella.

Demonio Hombre es, pues espira y muere.

Bartolomé Y Dios, pues muriendo deja
vencida la muerte, y hacen
sentimiento cielo y tierra.

Demonio Hombre es, pues desamparado
el cuerpo cadáver queda.

Un debate, una lucha de voces

Bartolomé
        Y Dios, pues de los infiernos
baja a quebrantar las puertas.

Demonio
        Hombre es, pues de hombre dejó
en el mundo tantas prendas.

Bartolomé
        Y Dios, pues que Dios y hombre
en los cielos vive y reina,
de donde vivos y muertos
vendrá a juzgar.

(Cae el Demonio a los pies de Bartolomé.)

Demonio
                ¡Cesa, cesa!
Que ya sé que hombre y Dios
está sentado a la diestra
del padre, hasta que por fuego
a juzgar el siglo venga.

recognoce un Dios, Cristo

Bartolomé
        Pues si tú mismo, tú mismo
lo publicas y confiesas,
después que mudo en la estatua
quedaste por mi obediencia,
ella postrada también
a mi voz caiga y descienda;
no tenga altares estatua
que manda Dios que perezca.

(Húndese el altar con el ídolo y se descubre Lirón.)

Lirón
        Cierto que so desgraciado
dios, por do bajar quijera;
pero echaréme a rodar,

y de su mano me tenga
el dios que esté más a mano.

(Échase a rodar, y vase.)

Ceusis   ¡Que esto los cielos consientan!

Todos   ¡Viva Cristo! ¡Cristo viva!

Bartolomé   Viendo, Señor, tus grandezas,
                          tus maravillas y asombros,
                          ¿quién no se rinde y sujeta?

Demonio   Ni me sujeto ni rindo,
                          Bartolomé, pues me queda
                          otra viva estatua en quien
                          puedo hacerte mayor guerra
                          que la que me has hecho. Dueño
                          soy de Irene; y así de ella
                          no podrás echarme, pues
                          posesión me dio ella mesma.

Bartolomé   Tú no pudiste adquirir
                          posesión segura y cierta
                          de Irene, cuyo albedrío
                          puede mejorar la senda.

Demonio   Ya, mediante la justicia,
                          es mía, y tengo licencia
                          de Dios para que del pacto
                          así el castigo padezca.

Bartolomé   Aunque la dé su justicia,
                          la quitará su clemencia.

Demonio

En tanto podré en su pecho
mover bandos, armar guerras,
pervertir buenos intentos,
alentar acciones fieras,
sembrar cizañas y errores.

Bartolomé

No tanto bien te prometas,
pues sabes que sus secretos
te ponen unas cadenas
a que siempre estés atado.

Demonio

Tal vez podré, aunque ellas sean
las cadenas del demonio,
quebrantarlas y romperlas.

Fin de la jornada segunda

JORNADA TERCERA

(Sale el Rey, y un Criado, quien trae en una fuente una púrpura y un cetro.) *source* *sceptre*

Rey
        ¿Llamaste ya al extranjero,
        como mandé?

Criado I
        Sí, señor.

(Sale San Bartolomé.)

Bartolomé
        Y yo, a tu voz obediente,
        humilde a tus pies estoy.

Rey
        Alza del suelo, a mis brazos
        llega, y oye la razón
        que a llamarte me ha movido.

Bartolomé
        Para que sepas que estoy
        capaz de ella, ¿quieres tú
        que a ti te la diga yo?

Rey
        ¿Cómo puedes tú saber
        mi oculta imaginación?

Bartolomé
        Como esos favores debo
        a la piedad de mi Dios.

Rey
        Di.

Bartolomé
        Destruyendo las aras
        de tu falsa adoración,
        cayó en tierra hecho pedazos

el ídolo de Astarot.
Alborotóse tu pueblo
y, con despecho y furor,
como si tuvieran culpa,
los sacerdotes hirió
de tu templo, cuyo estrago
pasara a incendio mayor,
si Irene, tu hija, tomando
de los ídolos la acción,
no se pusiera delante,
cuyo respeto y temor
bastó a parar el tumulto,
pero a deshacerle no.
Ceusis, siguiendo de aquella
parcialidad el error,
en defensa de sus dioses,
al lado de Irene, dio
aliento a sus cobardías,
al tiempo que con mejor
acuerdo iba Licanoro
publicando al nuevo Dios.
Encontráronse los bandos.
¿Quién nunca hasta entonces vio
que a la vista de su rey
batalla se diese atroz,
donde era fuerza que fuese
con equívoca facción
el vencedor el vencido,
y el vencido el vencedor?
Irene, en medio de todos,
era el rayo, era el furor
de sus iras, cuando, al tiempo
que ya uno y otro escuadrón
se embestían, los detuvo

lo tremendo de su voz.
«¡Ay infelice de mí!»,
dijo, y rendida cayó
en la tierra, cuyo pasmo,
cuyo asombro, cuyo horror
suspenso dejó al amago
y absorta a la ejecución;
en cuya neutralidad
se ha conservado hasta hoy.
Retiráronla, y apenas
volvió en sí, cuando volvió
tan furiosa que no hay
lazo, cadena, prisión
que no rompa y despedace,
y con despecho y furor
delirios son cuantos dice,
locuras cuanto hace son.
Tú, viendo tu reino todo
en tan mísera aflicción,
tus dos sobrinos opuestos,
y loca Irene, estás hoy,
no sin causa, persuadido
a que ya el cielo cumplió
del hado las amenazas,
que fueron de su opresión
causa, pues por ella ha sido
todo llanto y confusión,
todo ruinas, todo muertes,
todo asombro, todo horror.
Y así me enviaste a llamar,
pareciéndote que yo
puedo remediar a un tiempo
su desdicha y tu dolor.

Rey
        Es verdad; de ti no más,
según admirado estoy
de oír los prodigios tuyos,
fiar quiero de mi pasión
la esperanza, y por ponerte
en mayor obligación,
quiero que en mi reino seas
mi privanza desde hoy,
y que, siendo muy amigos,
con más paz, con más amor
y más blandura me enseñes
la doctrina de tu Dios.

(Salen Ceusis y Licanoro por dos lados.)

Licanoro (Aparte.)   (Cielos, ¿qué es esto que oigo?)

Ceusis (Aparte.)   (¿Qué es lo que mirando estoy?)

Licanoro (Aparte.)   (¿El rey le habla afable?)

Ceusis (Aparte.)   (¿El rey
le honra?)

Licanoro (Aparte.)   (¡Qué dicha!)

Ceusis (Aparte.)   (¡Qué horror!)

Rey
        Y así, en tanto que da el tiempo
a esta plática ocasión,
quiero que en mi corte seas
y en mis reinos otro yo,
y en muestra de la verdad,
estas insignias que son

90

púrpura, corona y cetro,
te ofrezco. De ellas dispón
a tu arbitrio y, desnudando
la túnica que vistió
tu humildad, aquesta real
púrpura viste.

Bartolomé   Eso no.
Los apóstoles de Cristo,
los discípulos de Dios
no a medrar, no a enriquecer
peregrinamos, señor;
a sólo adquirir venimos
almas; ellas solas son
nuestro triunfo, nuestro aplauso,
nuestra fama y nuestro honor.
Y así, con aquesta humilde
ropa más honrado estoy
y más galán que estuviera
con la púrpura mejor;
porque sé que es toda ella
majestad y ostentación,
vanidad de vanidades;
siendo la vida una flor
que con el sol amanece
y fallece con el sol.

Licanoro (Aparte.)   (¡Qué generoso desprecio!)

Ceusis (Aparte.)   (¡Qué hipócrita pretensión!)

Rey   Ya que la púrpura real
desprecias, por vencedor
de aquesta pasada lid,

ciñe el sacro laurel.

Licanoro
                                    Yo
                    seré el primero que acuda
                    a servirte en esta acción.

Ceusis
                        Yo el primero que a estorbarlo
                    acuda también; que no
                    es bien que un advenedizo
                    sea capaz de tanto honor.

Licanoro
                        Suelta, Ceusis, el laurel.

Ceusis
                        Suéltale tú, pues mejor
                    estará en mis manos.

(Cae.)

                                    Pero
                    áspides en su valor
                    hay ocultos para mí.

Licanoro
                        Suelta, que para mí no.

Bartolomé
                        Es verdad; pues tú serás
                    quien le goce de los dos.

Ceusis
                        Temiera tus profecías,
                    cuando mirándome estoy
                    a tus pies, si no creyera
                    que encantos tus obras son.

(San Bartolomé alza a Ceusis.)

Bartolomé	Levanta ahora del suelo, sin apurar más razón de que tú andas por caer y por levantarte yo.
Rey	Pues ¿cómo en presencia mía os atrevéis...?
Licanoro	Yo, señor, ¿en qué te ofendo, si acudo a tu misma pretensión?
Ceusis	Menos te ofendo yo, pues cuidando de tu opinión, te estorbo acción tan indigna.
Licanoro	¿Indigna llamas la acción de honrar a quien nos ha dado noticias de un solo Dios?
Ceusis	Sí; pues de los demás dioses viene a infamar el honor.
Rey	No te opongas a mi gusto, Ceusis; y tú, Licanoro, el sacro laurel le ciñe en nombre mío.
Bartolomé	Aunque estoy al cielo reconocido y agradecido al amor, licencia de no admitirle me has de dar; y porque no pienses que esto es excusarme

de no servirte, te doy
la palabra de que a Irene
verás libre del furor
que la aflige y atormenta.

(Sale Irene furiosa.)

Irene

Pues ¿qué poder tenéis vos
para darme a mí salud?

Bartolomé

El que me ha dado mi Dios.

Irene

Mucho me huelgo de oír
que tan buen médico sois,
pero curad otros males
que tengan remedio, y no
el mío, que no le tiene
mientras que Dios fuere Dios.

Rey

Extrañas locuras dice.

Licanoro

¡Qué lástima, qué dolor!

Irene

¿Qué hay por acá, padre honrado?
¡Cuál vuestra imaginación
anda!

Rey

Que estáis loca ahora
creo con más ocasión
porque dicen que verdades
dicen los locos.

Irene

Pues yo
más para decir mentiras,

que no verdades, estoy.
¿También los dos por acá
estáis? ¿Cómo va de amor?

Licanoro

Mal, viendo en ti mi desdicha.

Ceusis

Bien, viendo en ti mi pasión.

Irene

¿Oís, buen viejo? Ved qué os digo;
estimad mucho a los dos;
mirad que entrambos me quieren
y a entrambos los quiero yo;
mas con una diferencia,
que a éste le quiero mejor
porque sé que éste es más mío;
pero es tal mi inclinación
que, por saber que éste está
seguro y aquéste no,
habéis de ver que a éste dejo
y tras esotro me voy.

Licanoro

¡Que haya razón para celos
aun adonde no hay razón!

Ceusis

Pues tome el favor quien sabe
que aun es locura el favor.

Rey

De este delirio que ves
padece la sujeción;
y está ahora aun más templada
que otras veces; pues me dio
la palabra de librarla
tu verdad o tu valor,
duélete de ella y de mí.

Bartolomé

Protección

Dame tu _amparo_, mi Dios,
contra tu mismo enemigo.

Ceusis

¡Que se rinda tu valor
a tan loca confianza!

Licanoro

Si obra el cielo, ¿por qué no
quieres que alcance victoria?

Bartolomé

¿Podré en tu nombre, Señor,
entrar en esta lid?

(Dentro Música.)

Música   Sí.

Bartolomé

defeat

¿_Vencerá_ el demonio?

Música   No.

Bartolomé

Luego en esta confianza
que me da tu inspiración,
bien podré atreverme.

Música   Bien.

Bartolomé

¿Quién será en mi ayuda?

Música   Dios.

Bartolomé

Pues si Él me ayuda, ¿qué temo?
¡Irene, Irene!

96

Irene
                              A tu voz

otra yo dentro de mí
parece que estremeció
mis sentidos. ¿Qué me quieres?
Que el verte me da temor.

Bartolomé
           Que en este báculo adores
la cruz que en él está.

Irene
                             ¿Yo?
¿Yo adorar en un madero
que es del hombre redención,
de Dios la figura, habiendo
no adorado al mismo Dios?

Bartolomé
           Ya el torpe espíritu de
su lengua se apoderó
y habla en ella.

Irene
                        ¡Quita, quita!
Y no te me acerques, no,
si no quieres que, arrancando
pedazos del corazón
de esta infelice mujer,
te los tire.

Rey
                   Ya volvió
a su furiosa locura.

Licanoro
           ¡Qué lástima, qué dolor!

Irene
           ¡Huid todos, huid de mí!

Rey
           ¡Tenedla!

Licanoro	Es tal su furor que no es posible.
Bartolomé	Sí es.
Ceusis	¿Quién será bastante?
Bartolomé	Yo. Rebelde espíritu que, por divina permisión, este sujeto atormentas, da la humilde adoración a aquesta sagrada insignia.
Irene	No quiero; y pues en mejor estatua asisto ¿qué quieres? Déjame, en mi centro estoy; pues es centro del demonio el pecho del pecador. Déjame, Bartolomé, déjame en mi posesión.
Bartolomé	Tú no pudiste adquirirla.
Irene	Sí puedo; ella me la dio en vida, en muerte y en alma y en cuerpo.
Bartolomé	Todo es de Dios, y no pudo enajenarlo.
Irene	Sí pudo, puesto que usó de su albedrío.

Bartolomé	También usa de él para el perdón.
Irene	No le pide.
Bartolomé	Sí le pide.
Irene	Ni le ha de pedir; que yo la embargaré los alientos.
Rey	¿Quién tan nuevo caso vio que hable ella y no sea ella?
Bartolomé	En el nombre del Señor te mando que te retires a la extremidad menor de un cabello, y libre dejes lengua, alma, discurso y voz.
Irene	¡Ah, con qué poder me mandas!
Bartolomé	¡Irene!
Irene	¿Quién llama?
Bartolomé	Yo. ¿Cómo te sientes, señora?
Irene	Siéntome mucho mejor; que parece que me falta un áspid del corazón.
Bartolomé	¿A quién el alma y la vida

has ofrecido?

Irene
                    A Astarot
la ofrecí, cuando ignoraba
los prodigios de tu Dios.

Bartolomé
                    ¿No te pesa?

Irene
                        Sí me pesa;
mas no me arrepiento, no;
que no puedo arrepentirme
de ningún delito yo.

Bartolomé
                    Tarde volviste a ocupar
el instrumento veloz
de su lengua.

Irene
                        Nunca tardo.
Asiento y lugar me dio
la lengua de la mujer,
si yo la mentira soy.

Ceusis
                    Ya a su primer fuerza vuelve.
Miren si convaleció.

Bartolomé
                    Supuesto que ya no es tuyo
después que se arrepintió,
de este cuerpo miserable
deja la dura opresión.

Irene
                    Quita, quita aquesa cruz;
que ya me voy, ya me voy
a la cumbre de aquel monte,
desde donde mi furor

trastornará sus peñascos
sobre toda esta región.

Bartolomé   Sin hacer daño ninguno
en desierto, en población,
en personas, en ganados,
en mies, en fruto ni en flor,
desampara esta criatura.

Irene   Ya te obedezco, pues no
puedo romper las cadenas
que por ti me pone Dios.
¡Ay infelice de mí!

Rey   Muerta en la tierra cayó.

Licanoro   ¡Qué lástima!

Ceusis   Mira ahora
si encantos sus obras son.

Licanoro   ¡Gran señora! ¡Prima! ¡Irene!

Irene   ¿Quién me llama? ¿Dónde estoy?
¡Qué de cosas han pasado
por mí! ¿No estaba ahora yo
animando los parciales
de los bandos de Astarot?

Rey   Ya ha muchos días que eso,
Irene, te sucedió.

Irene   Luego ¿he vivido sin mí
todo ese tiempo? ¡Oh qué error

tan grande ha sido ignorar
tanta verdad hasta hoy
de otra nueva ley! Supuesto
que se ha cumplido en lo atroz
de mi vida, en lo piadoso
se cumpla. Cristo es el Dios
verdadero.

Rey   ¡Cristo viva!
                         Yo le ofrezco adoración.

Licanoro   Yo templo y aras.

(Vase.)

Irene   Yo altares
                         y sacrificios.

Ceusis   Yo no,
                         sino rayo desde aquí
                         ser de su persecución.

Rey   Ven tú conmigo, y al punto
                         se dé en mi corte un pregón
                         que muera por traidor quien
                         no dijere en alta voz:
                         «Cristo es el Dios verdadero,
                         Cristo es verdadero Dios.»

(Vanse todos menos Ceusis.)

Ceusis   ¡Cielo! ¿qué es esto que escucho?
                         Mas celos diré mejor,
                         supuesto que cielo y celos

mis dos enemigos son.
Saldréme al campo a dar voces
a solas con mi dolor.
¡Que pueda tanto un encanto!
Pues ¿no bastó, no bastó
deshacer los simulacros
de mi antigua religión
sino quitarme también
la esperanza de mi amor?
¿Qué venganza mi tormento,
qué castigo mi dolor
tomará de este tirano?
¿Quién le dará a mi rencor
alivio? ¿Quién me dirá
cómo he de vengarme?

(Dentro el Demonio.)

Demonio   Yo.

Ceusis   Errada voz que los vientos
                          discurres y con veloz
                          acento me atemorizas,
                          ¿qué es del cuerpo de esta voz?
                          ¿De esto que yo te dije eres
                          sombra acaso o ilusión
                          de mi ciega fantasía?
                          ¿Tú, qué me respondes?

Demonio   No.

(Aparece el Demonio atado con una cadena.)

Ceusis   Pues ¿dónde estás?

Demonio	En el centro de aqueste peñasco estoy.
Ceusis	Deja, deja el duro espacio de esa lóbrega prisión.
Demonio	No puedo; que aprisionado con una cadena atroz de fuego que me atormenta me miro; y así...
Ceusis	¡Qué horror!
Demonio	Acércate a mí, pues que a ti no me acerco yo.
Ceusis	No pudiéndose extender tu corta jurisdicción, ¿puedes ayudarme?
Demonio	Sí; porque tiene el pecador en su albedrío tal vez más ancha la permisión que yo, pues puede acercarse él a mí, pero yo a él no.
Ceusis	Pues, siendo así, yo me acerco. ¿Quién eres?
Demonio	Decir quién soy no importa; basta saber que soy quien a tu dolor

whim

puede dar alivio.

Ceusis   ¿Cómo?

Demonio   Oye atento.

Ceusis   Ya lo estoy.

Demonio   En el reino de Astiages
                 están foragidos hoy
                 algunos de los ministros
                 de Astarot. Ve allá y dispón
                 tu venganza y su venganza.
                 Y, para poder mejor,
                 harás que a llamar le envíe
                 tu padre, a tu persuasión,
                 a este galileo, diciendo
                 que sus prodigios oyó,
                 y que quiere que en la corte
                 se admita su religión;
                 y, en yendo allá, dadle muerte,
                 con que cesará el error
                 de sus encantos, volviendo
                 a su antigua adoración
                 los dioses, y tú podrás,
                 desenojado Astarot,
                 gozar a Irene.

Ceusis   Bien dices.
                 ¡Oh quién pudiera veloz
                 cortar el aire!

Demonio   Yo haré
                 que a tu corte llegues hoy.

Ceusis	¿Cómo?
Demonio	Toma aquesa antorcha; que con ella exhalación serás del viento.
Ceusis	¡Ay de ti, Bartolomé! Que ya voy, rayo contra ti flechado, a ser tu persecución!

(Toma una hacha encendida y vuela.)

Demonio	Pues para que en todo sea igual nuestra oposición, ya que no puedo seguirle, porque encarcelado estoy, música también se escuche, diciendo en sonora voz, a pesar del cielo...

(Cantan.)

Demonio y Música	¡Viva el ídolo de Astarot!
Demonio	Aunque no esper[e] jamás de que libre me veré, ¿dónde estás, Bartolomé? ¿Bartolomé, dónde estás? Ven a desatarme, ven de aquesta cadena dura,

para que pueda tomar
venganza de mis injurias.
¿Qué aplauso te desvanece,
qué vencimiento te ilustra
si peleas sin contrario
y sin enemigo luchas?
Atadas mis manos tienes
con el poder de que usa
Dios contigo; señal es
de cuánto temes mi furia.
Si no la temieras, no
te valieras de su justa
piedad; luego vence en ti,
no el valor, sino la industria.
Justifique Dios su causa
conmigo, y no me reduzca
a estrecha prisión, si hacer
pretende tu fama augusta.
Desate de mi garganta
este lazo que la anuda,
y entonces será victoria;
que, donde tuve mi suma
idolatría, sus aras
coloques y sostituyas.
Pero ¿qué voces ahora,
para más pena, se escuchan?

(Dentro la Música. Cantan.)

Música   ¡Ay qué gran dicha!
                  Mas ¡ay qué ventura!
                  Que el iris divino
                  la paz nos anuncia.

Demonio   ¡Oh cuánto, cielos, oh cuánto
debéis de temer la lucha
última de los dos, pues
tanto —¡ay de mí!— lo rehusan
vuestras piedades! Si así
estoy, ¿qué mucho presuma
Bartolomé que hoy Armenia
a su nueva luz reduzca?
Desáteme Dios, verá
si son sus victorias muchas,
o alárgueme esta cadena,
si de verme vencer gusta.
Pero ¿qué miro? Parece
que a mi petición sus duras
argollas eslabonadas
se rompen, para que huya
de esta provincia, por más
que en ella la sombra impura
de mi error asiste, pues
ya el arco de paz la alumbra.
Y, pues Dios me da licencia
para que libre discurra,
yo haré que Bartolomé
no dilate más la suma
ley del Evangelio, dando
fin con la muerte que busca
a sus triunfos y victorias
con mis engaños y astucias.
Y, pues que ya en mi prisión
empezaron sus venturas,
en mi libertad comiencen
las persecuciones suyas.

(Vase. Sale por otra parte.)

¡Ah del ínclito seno
que tanta gente esconde,
víbora racional de mi veneno!
¿Todos me oyen y nadie me responde?
¿Tan poco el fuego de mi voz inflama?
¡Ah del monte otra vez!

(Salen Ceusis, el Sacerdote y gente.)

Sacerdote   ¿Quién va?

Ceusis   ¿Quién llama?

Demonio   Quien viene desterrado
                           hoy de su patria bella,
                           porque a Cristo adorar no quiso en ella.

Ceusis   Mal mis designios graves
                           te ocultaré, supuesto que los sabes.
                           Yo, rayo desatado
                           de gran mano, llegué donde, avisado
                           mi padre de sucesos tan extraños,
                           me dio palabra de enmendar sus daños.
                           A su hermano escribió que le enviara
                           a ese monstruo, porque comunicara
                           a su reino la luz de su doctrina
                           tan nueva, tan extraña y peregrina.

Demonio   Pues ya ha llegado el día,
                           Ceusis, de tu venganza y de la mía;
                           que, habiendo consagrado
                           los templos y la gente bautizado,
                           ya del rey despedido,

su reino deja, sin haber querido
que nadie le acompañe,
para que más su hipocresía le engañe.
A pie y solo camina
a tu corte —¡ay de mí!— donde imagina
sembrar de sus encantos
los sustos, los asombros, los espantos.
Mas ya llega. A este paso
todos os retirad, porque, si acaso
nos ve, puede ayudarse
de sus mágicas ciencias y ocultarse.

Sacerdote   Dices bien.

(Todos se retiran.)

Demonio   Pues yo llego,
                              hielo mis plantas son, mi pecho fuego.

(Sale San Bartolomé.)

Bartolomé   ¡Felice yo que puedo
                              ver desde aquí, sin que me cause miedo,
                              de Astarot el engaño,
                              reducido y en salvo aquel rebaño!
                              ¡Oh cuánto, Armenia bella,
                              debes a las piedades de tu estrella!

Demonio (Aparte.)   (¡Con cuánto gusto va! Fervor le lleva;
                              pero primero que de aquí se mueva,
                              probará los rigores de mi saña.)
                              Oh tú, que aquesta bárbara montaña
                              discurres peregrino,
                              ¿no me dirás por dónde es el camino?

Bartolomé	Sí diré; que mi celo es enseñar caminos para el cielo. ¿Cuándo no andas perdido tú, infelice?
Demonio	Luego ¿hasme conocido?
Bartolomé	Sí; pues que vengo ahora a hacerte guerra y arrojarte también de aquesta tierra.
Demonio	No harás; que ahora sin miedo te tengo yo donde vencerte puedo.
Bartolomé	¿Tú vencer? ¿De qué suerte?
Demonio	De esta suerte; llegad todos, llegad a darle muerte; porque a mí irme conviene a repetir la posesión de Irene.

(Vase.)

Bartolomé	Si la fe vive en ella, yo acudiré en ausencia a defendella.

(Salen Ceusis, el Sacerdote y gente.)

Ceusis	A tus plantas rendido un acaso me tuvo, y ha querido desagraviar el cielo injurias tantas, trayéndote a que estés puesto a mis plantas.
Bartolomé	Sí; mas es con alguna

111

diferencia ese trueco de fortuna;
que tu soberbia altiva
fue allí la que a mis plantas te derriba,
y aquí, para que más mi triunfo arguyas,
es humildad quien me arrojó a las tuyas.

Ceusis   Venid donde serán los justos cielos
testigos de mi celo y de mis celos.

Bartolomé   De nada desconfío.
Beber tu caliz ofrecí, Dios mío,
el fuego del amor que el pecho labra;
feliz voy a cumplirte la palabra.

(Vanse. Sale Licanoro.)

Licanoro   En notable soledad
Bartolomé nos dejó;
mas el ver que le ausentó
el celo, amor y piedad
    de llevar su nueva ley
a mi patria hacer pudiera
que yo consuelo tuviera.
¡Oh si ya mi padre el rey
    admitiese esta verdad!
Al punto escribirle iré
en favor suyo, porqué
no quiere mi voluntad
    que yo me aleje de aquí
un punto, sin que primero
a Irene vea, a quien quiero
más que al alma que la di.

(Córrese una cortina, y aparece Irene en un estrado dormida.)

Pero en su estrado dormida
está. ¡Ay, dulce hermoso dueño!
¿Quién sino tú hacer al sueño
pudo imagen de la vida?
No para ser homicida
de indicios hagas crisol;
y pues basta un arrebol
de tu cielo soberano,
¿para qué es, amor tirano,
tanta flecha y tanto sol?
   Si, cuando sin alma estás,
estás, Irene, tan bella,
tú no vives más con ella,
mas con ella matas más.
Inútil muerte me das,
ya es tuyo mi corazón;
pues ¿para qué, Irene, son
nevando abriles y mayos,
tanta munición de rayos
y tanto severo arpón?
   Lástima se me hace, cuando
tan blandamente descansa,
inquietarla. Ya vendré,
en escribiendo las cartas.

(Vase y despierta Irene.)

Irene   ¿Quién anda aquí? Mas ¿mi esposo
no es quien salió de esta sala?
Pues ¿cómo —¡ay Dios!— sin hablarme
vuelve a mi amor las espaldas?
¡Esposo, señor, mi dueño!

(Sale el Demonio.)

Demonio   ¿Qué me quieres?

Irene   ¡Pena extraña!

(Sale Licanoro, y quédase al paño.)

Licanoro   A la voz de Irene vuelvo.
                     Mas —¡ay de mí!— ¿con quién habla?

Demonio   De ti pretendo saber
                     a quién, enemiga, llamas
                     señor y dueño que puedas
                     llamárselo con más causa?

Irene   A quien lo es.

Demonio   Yo lo soy,
                     pues me diste la palabra
                     de que siempre serías mía.

Licanoro (Aparte.)   (¡Cielos! ¿Qué escucho? ¡Ah, tirana!)

Irene   Verdad es que te ofrecí
                     que te daría vida y alma
                     si me dabas libertad;
                     mas de esa deuda me saca
                     la nueva ley que profeso.

Licanoro (Aparte.)   (Ella —¡desdicha tirana!—
                     confiesa que le rindió
                     alma y vida.)

114

Demonio

En vano hallas
respuesta, pues aun lo mismo
que te disculpa te agravia.
¿Qué nueva ley pudo hacerte
no ser mía?

Licanoro (Aparte.)

(Honor, ¿qué aguardas?
Mas —¡ay de mí!— que en tal pena
valor al valor le falta.)

Irene

La ley de Bartolomé,
en cuya fe y confianza
estoy de aquel pacto libre.

Demonio

¡Calla, no prosigas, calla,
que ésta es la hora que a él
le rompen y despedazan
los verdugos de Astiages
el corazón, las entrañas,
viva imagen de la muerte!
Pues el pellejo le rasgan,
hasta que el sangriento filo
le divida la garganta.
¡Mira para tu socorro
si tienes buena esperanza!

Licanoro (Aparte.)

(¡Cielos! ¿Otro dolor? Pues
el de los celos ¿no basta?)

Demonio

¿No fuiste mía?

Licanoro (Aparte.)

(¡Qué pena!
Mas ¿qué mi paciencia aguarda?)
¡Injusto, tirano dueño

de mi vida, honor y fama,
muere a mis manos!

Demonio   ¡Al cielo
pluguiera que fuera tanta
mi dicha que yo pudiera
morir! Mas ya que no alcanzan
victoria de esta mujer
por ahora mis venganzas,
dejarla en el ciego, el loco
poder de un celoso basta.

(Vase.)

Licanoro   ¿Adónde de mi furor,
hombre o demonio, te escapas?
¿Eres de mis celos sombra?

Irene   ¡Esposo, señor!

Licanoro   ¡Aparta!
Que tu amor y tu respeto,
u otra más oculta causa
que ignoro, en prisión del hielo
mis pies y mis manos ata,
para no darte la muerte.

Irene   Pues ¿en qué te ofendo?

Licanoro   ¡Ah ingrata!
Si antiguo dueño tenías,
a quien la vida y el alma
ofreciste antes que a mí,
¿para qué, traidora, falsa,

ofendiste tanto amor,
burlaste fineza tanta?

Irene
    Verdad es...

Licanoro
        ¿Que aun no lo niegas?

Irene
    ...que yo...

Licanoro
        ¿Qué aun no lo recatas?

Irene
    ...ofrecí al dios de Astarot
    alma y vida.

Licanoro
        Calla, calla;
    que el dios de Astarot no tiene
    poder ya en vida ni en alma
    para venirte a pedir
    celos de mí. Tú me engañas.

Irene
    Verdad, Licanoro, digo.
    Y si el irse —¡ay Dios!— no basta
    de aquí invisible, daré
    otro testigo que haga
    más fe en mi crédito.

Licanoro
            ¿Quién?

Irene
    Bartolomé, a cuya instancia
    estoy de aquel pacto libre.

Licanoro
    ¿No has escuchado, tirana,
    que mi padre —¡ah dura pena!—
    le dio muerte? En vano trazas

valerte de su noticia
tan aprisa.

Irene   Mi fe es tanta
que aun muerto he de esperar
que tus dudas satisfaga.

Licanoro   ¿Cómo es posible, si ya
la cólera me desata
las manos, para que tome
de tus agravios venganza?
¡Muere pues!

Irene   ¡Bartolomé,
tu amparo y favor me valga!

(Saca Licanoro la espada y, al ir a herirla, cantan dentro y él se suspende.)

Música   *A quien con fe le llama,*
siempre socorre y nunca desampara.

Licanoro   ¿Qué voces mi acción suspenden?

Irene   Las que mi inocencia guardan.

(Salen el Rey, Lesbia, Lirón, un Criado y otro criados.)

Rey   ¿Qué música es ésta, cielos,
que suspende y arrebata
los sentidos?

Criado   Todo el aire
se puebla de luces claras.

Rey	Licanoro, ¿contra quién desnuda traéis la espada?
Licanoro	Contra mí mismo primero que contra quien la sacaba, oyendo estas voces.
Rey	Luego ¿oísteis las músicas varias?
Licanoro	Sí, señor. Y no eso sólo nos admira y nos espanta, sino el ver que allí una nube hojas de púrpura y nácar despliega, y un trono en ella, sobre cuya ardiente basa, triunfante Bartolomé, los coros el viento rasgan. Roja púrpura se viste, y un monstruo trae a sus plantas, a quien con una cadena aprisionado acompaña. Aladas divinas voces dicen en cláusulas blandas...
Música	*A quien con fe le llama,* *siempre socorre y nunca desampara.*

(En un trono se descubre Bartolomé, que trae al Demonio a los pies.)

Bartolomé	Feliz imperio de Armenia, no sólo vuelvo a tu patria en alas de serafines,

para que sepas la rara
crueldad que conmigo usaron,
habiéndome hecho mudara,
como culebra, el pellejo,
con ira y cólera extraña,
sino también para que
vivas, en mi confianza,
seguro de que esta fiera,
que atada traigo a mis plantas,
no perturbará tu paz.
Éste es...

Demonio   Yo lo diré, calla;
porque quiero que me sirvan
de veneno mis palabras.
Yo soy el dios de Astarot,
yo el que tuvo vuestra patria
idólatra tantos años,
dándome adoración falsa.
De esta esclavitud el cielo
hoy por Bartolomé os saca,
alumbrándoos en la ley
evangélica de gracia.
Irene, que un tiempo fue
de mis engaños esclava,
ya está libre. Mas ¿qué mucho
que ella y todo el mundo salga
de mi esclavitud, si el cielo
con estas cadenas ata
mis fuerzas, dando poder
a su apóstol de cortarlas?

Bartolomé   Con esta declaración
pública que has hecho, baja

al abismo, mientras yo
a esferas subo más altas.

Demonio

Abra, para recibirme,
el infierno sus gargantas.

(Húndese.)

Bartolomé

Y a mí sus puertas el cielo,
para recibir mi alma.

(Vuela.)

Rey

¿Quién, a tan grandes prodigios,
no le rinde al cielo gracias?

Licanoro

¿A quién quedarán recelos,
viendo verdades tan claras?

Lesbia

¿Y quién, viendo que en su mano
Bartolomé santo enlaza
las cadenas del demonio,
contra él no le invoca y llama?
Dando fin a esta comedia,
perdonad sus muchas faltas.

Fin de la comedia

Libros a la carta

A la carta es un servicio especializado para
empresas,
librerías,
bibliotecas,
editoriales
y centros de enseñanza;
y permite confeccionar libros que, por su formato y concepción, sirven a los propósitos más específicos de estas instituciones.

Las empresas nos encargan ediciones personalizadas para marketing editorial o para regalos institucionales. Y los interesados solicitan, a título personal, ediciones antiguas, o no disponibles en el mercado; y las acompañan con notas y comentarios críticos.

Las ediciones tienen como apoyo un libro de estilo con todo tipo de referencias sobre los criterios de tratamiento tipográfico aplicados a nuestros libros que puede ser consultado en www.linkgua.com.

Linkgua edita por encargo diferentes versiones de una misma obra con distintos tratamientos ortotipográficos (actualizaciones de carácter divulgativo de un clásico, o versiones estrictamente fieles a la edición original de referencia).

Este servicio de ediciones a la carta le permitirá, si usted se dedica a la enseñanza, tener una forma de hacer pública su interpretación de un texto y, sobre una versión digitalizada «base», usted podrá introducir interpretaciones del texto fuente. Es un tópico que los profesores denuncien en clase los desmanes de una edición, o vayan comentando errores de interpretación de un texto y esta es una solución útil a esa necesidad del mundo académico.

Asimismo publicamos de manera sistemática, en un mismo catálogo, tesis doctorales y actas de congresos académicos, que son distribuidas a través de nuestra Web.

El servicio de «libros a la carta» funciona de dos formas.

1. Tenemos un fondo de libros digitalizados que usted puede personalizar en tiradas de al menos cinco ejemplares. Estas personalizaciones pueden ser de todo tipo: añadir notas de clase para uso de un grupo de estudiantes, introducir logos corporativos para uso con fines de marketing empresarial, etc. etc.

2. Buscamos libros descatalogados de otras editoriales y los reeditamos en tiradas cortas a petición de un cliente.

Colección DIFERENCIAS

Diario de un testigo de la guerra de África	Alarcón, Pedro Antonio de
Moros y cristianos	Alarcón, Pedro Antonio de
Argentina 1852. Bases y puntos de partida para la organización política de la República de Argentina	Alberdi, Juan Bautista
Apuntes para servir a la historia del origen y alzamiento del ejército destinado a ultramar en 1 de enero de 1820	Alcalá Galiano, Antonio María
Constitución de Cádiz (1812)	Autores varios
Constitución de Cuba (1940)	Autores varios
Constitución de la Confederación	Autores varios
Sab	Avellaneda, Gertrudis Gómez de
Espejo de paciencia	Balboa, Silvestre de
Relación auténtica de las idolatrías	Balsalobre, Gonzalo de
Comedia de san Francisco de Borja	Bocanegra, Matías de
El príncipe constante	Calderón de la Barca, Pedro
La aurora en Copacabana	Calderón de la Barca, Pedro
Nuevo hospicio para pobres	Calderón de la Barca, Pedro
El conde partinuplés	Caro Mallén de Soto, Ana
Valor, agravio y mujer	Caro, Ana
Brevísima relación de la destrucción de las Indias	Casas, Bartolomé de
De las antiguas gentes del Perú	Casas, Bartolomé de las
El conde Alarcos	Castro, Guillén de
Crónica de la Nueva España	Cervantes de Salazar, Francisco
La española inglesa	Cervantes Saavedra, Miguel de
La gitanilla	Cervantes Saavedra, Miguel de
La gran sultana	Cervantes Saavedra, Miguel de

La conquista de México	Zárate, Fernando de
La traición en la amistad	Zayas y Sotomayor, María de
Apoteosis de don Pedro Calderón de la Barca	Zorrilla, José

Colección EROTICOS

Cuentos amatorios	Alarcón, Pedro Antonio de
El sombrero de tres picos	Alarcón, Pedro Antonio de
El libro del buen amor	Arcipreste de Hita, Juan Ruiz
Diario de amor	Gómez de Avellaneda, Gertrudis
A secreto agravio, secreta venganza	Calderón de la Barca, Pedro
No hay burlas con el amor	Calderón de la Barca, Pedro
Lisardo enamorado	Castillo y Solórzano, Alonso del
El amante liberal	Cervantes, Miguel de
Adúltera	Martí, José
El burlador de Sevilla	Molina, Tirso de
Arte de las putas	Moratín, Nicolás Fernández de
El examen de maridos...	Ruiz de Alarcón y Mendoza, Juan
La dama boba	Vega, Lope de
Reinar después de morir	Vélez de Guevara, Luis
Don Juan Tenorio	Zorrilla, José

Colección ÉXTASIS

De los signos que aparecerán	Berceo, Gonzalo de
Milagros de Nuestra Señora	Berceo, Gonzalo de
Empeños de la casa de la sabiduría	Cabrera y Quintero, Cayetano de
Autos sacramentales	Calderón de la Barca, Pedro
El alcalde de Zalamea	Calderón de la Barca, Pedro
El divino cazador	Calderón de la Barca, Pedro
El divino Orfeo	Calderón de la Barca, Pedro
El gran teatro del mundo	Calderón de la Barca, Pedro
El mágico prodigioso	Calderón de la Barca, Pedro
La casa de los linajes	Calderón de la Barca, Pedro
La dama duende	Calderón de la Barca, Pedro

La entretenida	Cervantes Saavedra, Miguel de
Fábulas literarias	Iriarte, Tomás de
Desde Toledo a Madrid	Molina, Tirso de
El desdén, con el desdén	Moreto y Cabaña, Agustín
El alguacil endemoniado	Quevedo, Francisco de
Fábulas	Samaniego, Félix María
El caballero de Olmedo	Vega, Lope de
El perro del hortelano	Vega, Lope de

Colección MEMORIA

Cosas que fueron	Alarcón, Pedro Antonio de
Juicios literarios y artísticos	Alarcón, Pedro Antonio de
Memorial dado a los profesores	
de pintura	Calderón de la Barca, Pedro
Juvenilia	Cané, Miguel
Autobiografía de Rubén Darío	
(La vida de Rubén Darío escrita	
por él mismo)	Felix Rubén García Sarmiento
	(Rubén Darío)
Oráculo manual y arte de prudencia	Gracián, Baltasar
Vida de Carlos III	Fernán-Núñez, Carlos Gutiérrez de
	los Ríos
Examen de ingenios para las ciencias	Huarte de San Juan, Juan
Vida del padre Baltasar Álvarez	Puente, Luis de la
Del obispo de Burgos	Pulgar, Hernando del
Breve reseña de la historia del	
reino de las Dos Sicilias	Duque de Rivas, Ángel Saavedra
Cartas	Valera, Juan
El arte nuevo de hacer comedias	
en este tiempo	Vega y Carpio, Félix Lope de
Diálogos	Vives, Luis

Colección VIAJES

De Madrid a Nápoles	Alarcón, Pedro Antonio de

Made in the USA
Lexington, KY
02 January 2012